# AS CHAVES DA FELICIDADE

RYUHO OKAWA

# AS CHAVES DA FELICIDADE

## 10 Princípios para Manifestar a sua Natureza Divina

Editora
Cultrix
SÃO PAULO

Título original: *The Science of Happiness*.
Copyright © 2009 Ryuho Okawa.
Tradução © 2010 Happy Science.
Publicado nos Estados Unidos sob o título *The Science of Happiness*.

Este livro é uma compilação de *Kofuku-no-Genri* (Os Princípios da Felicidade), *Satori-no-Genri* (Os Princípios da Iluminação) e *Utopia-no-Genri* (Os Princípios da Utopia), originalmente publicados em 1990 em japonês pela IRH Press Co., Ltd, 1-6-7 Togoshi, Shinagawa-ku, 142-0041, Japão.

Todos os direitos reservados. Nenhuma parte deste livro pode ser reproduzida ou usada de qualquer forma ou por qualquer meio, eletrônico ou mecânico, inclusive fotocópias, gravações ou sistema de armazenamento em banco de dados, sem permissão por escrito, exceto nos casos de trechos curtos citados em resenhas críticas ou artigos de revistas.

A Editora Pensamento-Cultrix Ltda. não se responsabiliza por eventuais mudanças ocorridas nos endereços convencionais ou eletrônicos citados neste livro.

Coordenação Editorial: Denise de C. Rocha Delela e Roseli de Sousa Ferraz

Revisão Nilza Agua

Dados Internacionais de Catalogação na Publicação (CIP)
(Câmara Brasileira do Livro, SP, Brasil)

---

Okawa, Ryuho

As chaves da felicidade : 10 princípios para manifestar a sua natureza divina / Ryuho Okawa ; [tradução Happy Science]. -- São Paulo : Cultrix, 2010.

Título original: The science of happiness.
Bibliografia.
ISBN 978-85-316-1075-2

1. Felicidade - Aspectos religiosos 2. Happy Science (Organização) - Vida espiritual I. Título.

10-05833   CDD-299.93

Índices para catálogo sistemático:
1. Felicidade : Verdade espiritual : Filosofia mística de natureza universal   299.93

---

O primeiro número à esquerda indica a edição, ou reedição, desta obra.
A primeira dezena à direita indica o ano em que esta edição, ou reedição, foi publicada.

| Edição | Ano |
|---|---|
| 1-2-3-4-5-6-7-8-9-10-11 | 10-11-12-13-14-15-16-17 |

Direitos de tradução para a língua portuguesa
adquiridos com exclusividade pela
EDITORA PENSAMENTO-CULTRIX LTDA.
Rua Dr. Mário Vicente, 368 — 04270-000 — São Paulo, SP
Fone: 2066-9000 — Fax: 2066-9008
E-mail: pensamento@cultrix.com.br
http://www.pensamento-cultrix.com.br
que se reserva a propriedade literária desta tradução.
Foi feito o depósito legal.

# Sumário

| | | |
|---|---|---|
| INTRODUÇÃO | Apresentando a Ciência da Felicidade | 9 |
| PREFÁCIO | Uma Missão Especial | 11 |

## • PARTE UM •
## A Aurora da Nova Era

**UM  O Princípio da Felicidade** — 19
- Juventude — 19
- O Caminho para a Verdade — 21
- A Responsabilidade de um Líder Espiritual — 23
- O Que É um Profeta? — 25
- Primeiro Aprenda, depois Ensine — 27
- Os Quatro Corretos Caminhos para a Verdadeira Felicidade — 28
  - Amor — 29
  - Conhecimento — 30
  - Reflexão — 31
  - Desenvolvimento — 32

**DOIS  O Princípio do Amor** — 34
- As Leis do Sol desde os Tempos Remotos — 34
- A Profecia da Salvação — 37
- O Amor de Jesus — 39
- Os Estágios de Desenvolvimento do Amor e da Iluminação no Cristianismo e no Budismo — 45
  - O Amor Instintivo — 45
  - O Amor Fundamental ou Amor que se Dá — 46
  - O Amor que Nutre Espiritualmente — 46
  - O Amor que Perdoa — 47
  - O Amor Encarnado — 49

| | | |
|---|---|---|
| TRÊS | **O Princípio do Coração** | **50** |
| | Ensinamentos para o Coração | 50 |
| | A Verdadeira Natureza do Coração e sua Estrutura | 52 |
| | Mente, Coração, Alma e Espírito | 54 |
| | A Evolução da Consciência Espiritual | 55 |
| |     A Quarta Dimensão (O Reino Póstumo) | 55 |
| |     A Quinta Dimensão (O Reino do Bem) | 56 |
| |     A Sexta Dimensão (O Reino da Luz) | 56 |
| |     A Sétima Dimensão (O Reino dos Bodisatvas) | 59 |
| |     A Oitava Dimensão (O Reino dos Tathagatas) | 60 |
| |     A Nona Dimensão (O Reino Cósmico) | 61 |
| | A Busca do Correto Coração | 62 |
| |     Equilibrando o Coração | 62 |
| |     Purifique a sua Faixa de Pensamentos | 64 |

• PARTE DOIS •
## O Verdadeiro Despertar

| | | |
|---|---|---|
| QUATRO | **O Princípio da Iluminação** | **69** |
| | Espírito de Busca pela Iluminação | 69 |
| | Estabelecendo um Novo Sistema de Valores | 70 |
| | Entrando em Contato com a Verdade | 73 |
| | A Transmissão da Lei | 74 |
| | Como Desenvolver a Atitude Correta para a Prática Espiritual Bem-sucedida | 77 |
| |     O Amor é Invencível | 77 |
| | A Busca pelo Correto Coração | 79 |
| | Não Há Iluminação sem Reflexão | 80 |
| | Avanço e Harmonia | 83 |
| CINCO | **O Princípio do Desenvolvimento** | **85** |
| | Reflexão como um Pré-requisito para o Desenvolvimento | 85 |
| | O Desenvolvimento pelo Caminho do Meio: A Evolução Infinita da nossa Alma | 86 |
| | Partindo de uma Consciência Comum | 89 |
| | Moderna Interpretação do Caminho do Meio | 90 |
| |     Oitenta por Vinte | 90 |
| |     Acumulando Conhecimento e Sabedoria sob a Superfície | 93 |
| |     Sempre em Frente! | 94 |
| | A Reflexão como um Método para Seguir o Caminho do Meio | 95 |
| |     O Verdadeiro Significado da Reflexão | 95 |
| |     Correta Visão | 96 |
| |     Correto Pensamento | 96 |
| | A Reflexão Conduz ao Desenvolvimento | 98 |

| | |
|---|---|
| Correta Dedicação | 98 |
| Correta Mentalização | 99 |
| Amor, Oração e Autorrealização | 100 |

**SEIS O Princípio do Conhecimento** — 101

| | |
|---|---|
| A Base do Aprendizado | 101 |
| Como Adquirir uma Consciência mais Elevada | 107 |
|    A Importância da Busca Intelectual | 107 |
|    O que é Consciência? | 109 |
|    Adquirindo uma Consciência mais Elevada | 112 |
| Os Estágios de Desenvolvimento do Conhecimento | 113 |
|    O Período de Esforço Intelectual | 114 |
|    Desenvolvendo uma Confiança Inabalável | 117 |
|    O Conhecimento a Serviço das Pessoas | 119 |
|    Pensamento Fundamental | 121 |

• PARTE TRÊS •
## A Criação de um Mundo Ideal

**SETE O Princípio da Utopia** — 125

| | |
|---|---|
| Diretrizes para a Criação da Utopia nos nossos Mundos Exterior e Interior | 125 |
|    Estabelecendo a Era da Espiritualidade | 125 |
|    A Reforma dos Princípios Econômicos | 126 |
|    Pesquisa e Estabelecimento de Princípios para a Ação | 129 |
| O Primeiro Princípio para a Criação de um Mundo Ideal – Utopia no Coração | 129 |
|    Determinação para uma Mudança Interior | 130 |
|    Construindo um Reservatório Interior e Entrando em Ação | 133 |
|    Conhecendo a Verdadeira Natureza do Mundo Espiritual | 137 |
| O Segundo Princípio para a Criação de um Mundo Ideal – Utopia na Sociedade | 139 |

**OITO O Princípio da Salvação** — 141

| | |
|---|---|
| Faça Inovações e Novas Descobertas | 141 |
| Torne a sua Vida mais Próspera e Efetiva | 144 |
| O Significado da Transmigração entre Planetas | 146 |
| A Divisão das Almas | 148 |
| As Três Invenções de Deus | 150 |
|    Criação pela Vontade | 150 |
|    A Criação do Tempo | 150 |
|    A Criação da Direção do Desenvolvimento | 151 |
| Gratidão pelas Invenções de Deus | 152 |
|    Gratidão pela Criação pela Vontade | 152 |
|    Gratidão pela Criação do Tempo | 153 |
|    Gratidão pela Criação da Felicidade como nosso Propósito | 154 |

| | |
|---|---|
| A Reencarnação das Estrelas e dos Planetas | 154 |
| O Princípio da Salvação: O que Dizer aos Outros | 156 |
|     A Existência é Criação de Deus | 156 |
|     O Significado do Tempo | 157 |
|     A Felicidade como Objetivo | 158 |

**NOVE: O Princípio da Reflexão**     159

| | |
|---|---|
| O que é Reflexão? | 159 |
| Os Três Corretos Caminhos de La Mu | 161 |
| Manifestando a Natureza Divina Interior | 163 |
| Os Oito Corretos Caminhos: Versão Genuína | 166 |
|     Correta Visão | 166 |
|     Correta Expressão | 167 |
|     Correta Vida | 168 |
|     Correta Ação | 169 |
|     Correto Pensamento | 170 |
|     Correta Dedicação | 171 |
|     Correta Mentalização | 172 |
|     Correta Meditação | 173 |

**DEZ: O Princípio da Oração**     174

| | |
|---|---|
| O Poder Espiritual da Expressão da Verdade | 174 |
| Seja Puro de Coração | 176 |
|     Reflexão e Oração | 176 |
|     As Leis da Oração | 176 |
|     Vivencie a Unidade com Deus | 178 |
| A Natureza da Oração Verdadeira | 179 |
|     O Anseio de Levar Felicidade a Todas as Pessoas | 179 |
|     O Estreito Portal da Oração | 180 |
|     Renascer por meio da Oração | 182 |
| A Purificação da Terra | 182 |
|     O que Acontece com as Orações Mal-orientadas | 182 |
|     A Dissolução do Inferno | 183 |
| Não Distorça a Verdade | 184 |
| Três Condições para a Oração | 186 |
|     Beleza | 186 |
|     Bem | 187 |
|     Amor | 187 |
| O Poder da Oração | 188 |

**Notas**     190

**Templos e Sucursais da Happy Science no Brasil e no Mundo**     192

**Sobre a Happy Science**     199

INTRODUÇÃO
# Apresentando a Ciência da Felicidade

Mestre Ryuho Okawa é um líder espiritual e visionário contemporâneo muito conhecido por sua sabedoria, compaixão e compromisso com a missão de ensinar as pessoas a pensar e agir de modo espiritual. Seguindo a tradição do Buda Shakyamuni, de Jesus, Confúcio e Moisés, ele ensina os princípios que trarão às pessoas a verdadeira felicidade e abrirão o caminho para uma era melhor.

Em março de 1981, Ryuho Okawa estava seguindo uma carreira como executivo no ramo dos negócios quando começou a receber revelações de espíritos do mundo celestial que tinham sido monges budistas famosos em suas vidas anteriores.* Ele continuou seus estudos e, na primavera desse mesmo ano, depois de se formar em direito pela Universidade de Tóquio, foi contratado por uma empresa japonesa de comércio exterior. Em 1982, foi transferido para a matriz da empresa, em Nova York, onde continuou a receber revelações dos espíritos de grande elevação. Quando Okawa voltou ao Japão, suas comunicações espirituais se expandiram e passaram a incluir mensagens de Sócrates, Isaac Newton, Abraham Lincoln, Florence Nightingale, Thomas Edison, Mahatma Gandhi, Helen Keller e Pablo Picasso. Embora ainda trabalhasse na empresa de comércio exterior, ele continuou a acumular conhecimentos sobre o mundo espiritual e a se aprofundar nas ver-

---

* Vinte e três de março de 1981 é o dia em que ele atingiu a grande iluminação e constatou a existência dos espíritos e do mundo espiritual. Esse foi o dia em que se tornou "Mestre". Para obter mais informações sobre a sua experiência, por favor consulte o capítulo 1 de *Love, Nurture and Forgive*, livro ainda não traduzido para o português.

dades eternas da vida e do mundo físico. Em agosto de 1985, depois de quatro anos de estudo, Mestre Ryuho Okawa começou a publicar livros apresentando as mensagens que vinha recebendo.

Em julho de 1986, Mestre Okawa finalmente renunciou à sua carreira no mundo dos negócios e, três meses depois, fundou a Happy Science, também conhecida no Brasil como Ciência da Felicidade e no Japão como *Kofuku-no-Kagaku*. Começou a compartilhar com outras pessoas a sabedoria recebida, dando palestras, publicando livros e revistas mensais sobre seus ensinamentos e fazendo seminários para os membros da Happy Science.

Os dez princípios apresentados neste livro são baseados nas palestras que Mestre Okawa deu entre 1986 e 1988. Com a esperança de trazer a salvação à sociedade como um todo e a cada pessoa, individualmente, neste livro ele esclarece os elementos essenciais dos seus ensinamentos e a missão do seu movimento.

A cada ano, um número maior de pessoas se une à Happy Science para descobrir e explorar seu verdadeiro potencial. A leitura de *A Ciência da Felicidade* ajudará você a descobrir uma extraordinária Verdade espiritual e certamente vai inspirá-lo e despertá-lo para um nível mais elevado de consciência da vida e do mundo. Ao conhecer, entender e praticar essas Verdades, você com certeza vai encontrar o seu próprio caminho para a felicidade e a iluminação. Agora é hora de embarcar na sua jornada espiritual.

PREFÁCIO
# Uma Missão Especial

Em junho de 1981, o espírito de Jesus Cristo desceu à Terra para me transmitir algo extraordinário: eu estava sendo convocado para uma missão especial. O que Jesus revelou, com o seu amor e sinceridade profundos, foi a minha missão para me tornar um líder espiritual de alcance global, que traria a salvação e conduziria a humanidade ao seu novo futuro.

Quando Jesus apareceu, o meu pai estava comigo e ficou sem fala ao me ver na presença de um espírito de tamanha elevação. Quando um espírito elevado faz uma aparição na Terra dessa maneira, ele surge com um resplendor divino que faz com que o nosso corpo se aqueça muito, e as mensagens transmitidas são tão cheias de Verdade e luz que os olhos maravilhados do receptor se enchem de lágrimas. Assim foi a minha experiência.

No mês seguinte, uma parte oculta da minha consciência – o próprio Buda Shakyamuni – começou a falar comigo numa mistura de japonês e prácrito magadhi (uma antiga língua da Índia), encorajando-me a aceitar o meu destino e difundir a palavra de Buda. Ele me revelou que sou a encarnação de El Cantare,* a consciência suprema do seu grupo, e que a minha missão é salvar todas as criaturas vivas por meio da revelação da Verdade no mundo todo. Ele me advertiu de que o pa-

---

\* El Cantare é a suprema consciência no planeta Terra, que tem guiado a humanidade desde o início da vida neste planeta, e é a grande consciência da Lei que rege toda a humanidade. Uma pequena parte dessa grande consciência é enviada à Terra em intervalos de alguns milhares de anos, para instruir a raça humana. O Buda Shakyamuni e o Mestre Okawa são, ambos, parte dessa consciência. Outras encarnações são: Hermes, da antiga Grécia; Rient Arl Cloud, do Império Inca; Thoth, do Império Atlante; e La Mu, do império Mu.

pel do Grande Nyorai Shakyamuni é duplo. Existe a dimensão representada pelo Nyorai Amida (o Messias), que expressa amor, compaixão e fé. Existe também a dimensão representada pelo Nyorai Mahavairocana (a essência do Buda), que transmite iluminação, verdade espiritual e conhecimento secreto do domínio espiritual. Se o primeiro aspecto predominasse em mim, orientou-me ele, no devido tempo eu me tornaria um Grande Messias. Mas, se o segundo aspecto prevalecesse, eu me tornaria o Buda Mahavairocana (o Grande Iluminador).

Eu fiquei absolutamente tomado de surpresa com essas informações. Tive certamente uma formação religiosa e aceitava sem questionamento a existência do reino espiritual. Mas essas revelações eram tão espantosas, e a missão a mim designada de tamanha grandiosidade, que não pude esconder o enorme impacto que ela me causou.

Contudo, também percebi imediatamente que sou uma encarnação do Buda e que a minha missão é reorganizar os espíritos elevados no céu e ao mesmo tempo integrar todas as várias religiões da Terra, para criar uma nova religião mundial. É minha responsabilidade reunir todas as pessoas do mundo numa nova fé, para iniciar o desenvolvimento de uma nova civilização e, portanto, anunciar o advento de uma nova era.

Embora tivesse intuído no mesmo instante a autenticidade da minha vocação e a abraçado de coração aberto, não senti que estivesse pronto para assumir essa incrível responsabilidade. Como ainda estava na casa dos 20 anos e trabalhava numa empresa de negócios internacionais, decidi continuar no meu emprego até chegar aos 30 anos. Eu sentia, é lógico, um grande tumulto interior, pois vivia cotidianamente no mundo dos negócios e, ao mesmo tempo, tinha plena consciência da minha verdadeira identidade e vocação.

Então, de repente, a minha vida sofreu outra profunda reviravolta. Em 1982, fui designado para o cargo de estagiário na matriz da minha empresa, em Nova York, sabendo o tempo todo que havia recebido uma mensagem de Jesus e sido incumbido por Buda para uma tarefa cósmica. Portanto, este futuro Buda aqui passou muitos dias na companhia dos colegas de trabalho na Wall Street, operando no mundo frenético das finanças internacionais.

Nesse meio-tempo, aprendi inglês e estudei finanças internacionais no Centro de Graduação da Universidade da Cidade de Nova York. Conheci mulheres e homens de negócios na faixa de 30 e poucos anos, de bancos como o Bank of America, o Citibank e o Merrill Lynch. Juntos, aprendemos as minúcias da moeda estrangeira e do sistema de câmbio.

Não surpreende, no entanto, que eu já não me sentia tão feliz quanto antes com o que estava fazendo. A distância entre as realidades mundanas da vida diária e as experiências intensas do meu mundo espiritual era cada vez maior. Às vezes eu me pegava com os olhos fixos no World Trade Center, no centro de Nova York, na parte baixa de Manhattan, onde eu trabalhava, perguntando-me o que era verdadeiramente real: aqueles edifícios gigantescos que quase tocavam o céu ou as vozes que eu podia ouvir no meu coração. O meu senso de identidade passava por uma prova de fogo.

Os anos que passei como estagiário foram, sem sombra de dúvida, um grande sucesso, e o meu superior me perguntou se podia recomendar que eu permanecesse em Nova York definitivamente. Tratava-se de uma oportunidade sem precedentes e um sinal claro de que eu já estava galgando degraus na escalada até o topo da minha carreira, mas estava mais interessado em transformar em livro as mensagens espirituais que vinha recebendo. Então, para a surpresa de todos, recusei a oferta e recomendei um jovem colega, que na minha opinião também era perfeito para o cargo. Aos olhos das outras pessoas, esse foi um ato inacreditável de altruísmo e generosidade, algo muito raro no mundo dos negócios, mas eu voltei ao Japão sabendo que tinha dado um passo decisivo rumo ao meu destino como líder religioso.

Passei os dois anos seguintes me preparando para a minha verdadeira missão. Em 1985, comecei a publicar uma série de livros revelando as mensagens espirituais que vinha recebendo, inclusive o livro *Mensagens de Jesus Cristo – a Ressurreição do Amor* (Editora Cultrix, SP, 2009). Eu ainda trabalhava na empresa de comércio exterior, por isso, inicialmente, esses livros foram publicados com o nome do meu pai, enquanto o meu aparecia apenas como coautor.

Por fim, em junho de 1986, Jesus e outros espíritos vieram até mim, um após o outro, para declarar que havia chegado a hora de eu me apresentar como o líder religioso que estava destinado a ser. Em 15 de julho desse mesmo ano – a apenas uma semana do meu aniversário de 30 anos –, pedi demissão na empresa em que trabalhava e me senti livre para cumprir plenamente a missão da minha vida.

No final de agosto, comecei a escrever a versão inicial do livro *As Leis do Sol*\* (Editora Best Seller), concluindo-o em dez dias. Um pouco depois, escrevi o volume complementar, *As Leis Douradas* (Editora Best Seller). Essas obras, que revelam a minha mensagem, atraíram muito a atenção entre as pessoas que buscam sinceramente pela Verdade.

## Formando uma Comunidade Espiritual

Eu dei minha primeira palestra ao público em Tóquio, no dia 8 de março de 1987. Aproximadamente quatrocentas pessoas estavam presentes para me ouvir falar a respeito dos princípios da felicidade. Nessa palestra, eu apresentei os quatro princípios básicos que constituem a base central dos meus ensinamentos – os princípios do amor, da sabedoria, da reflexão e do desenvolvimento.

Nesse mesmo mês também planejei o desenvolvimento do movimento religioso que eu tinha iniciado. Nós precisávamos nos dedicar, nos primeiros três anos, ao estudo dos princípios básicos de ordem espiritual, ao treinamento dos instrutores religiosos e ao estabelecimento das políticas operacionais como um movimento independente. Posteriormente, nós nos concentraríamos na difusão da nossa mensagem do modo mais amplo possível, tanto no Japão quanto internacionalmente.

Em abril de 1987, publicamos a primeira edição da nossa revista mensal, delineando os principais pontos das minhas palestras e de outros escritos, e relatando os progressos e rumos do movimento. À medida que eu ia oferecendo palestras e sessões de estudo, o movimento

---

\* *As Leis do Sol* é a obra mais conhecida de Ryuho Okawa, e um dos livros mais fundamentais que mostram a estrutura dos ensinamentos da Happy Science. Ele ilustra a criação do universo, a estrutura do mundo espiritual, o desenvolvimento dos estágios do amor, a verdadeira natureza da iluminação e o apogeu e decadência das civilizações antigas, da perspectiva de El Cantare, o espírito supremo do grupo espiritual terreno. Quando foi publicado em setembro de 1986, tornou-se um best-seller no Japão. *As Leis do Sol* também foi traduzido para muitas línguas, inclusive o inglês, o alemão, o português e o coreano, e tornou-se popular entre leitores de todo o mundo.

cresceu de maneira notável e o número de membros comprometidos apresentava um aumento constante.

Minhas palestras, inspiradas pela minha missão e orientação espiritual, cativaram o coração de um número cada vez maior de pessoas, em todo o Japão, levando-me a me apresentar diante de plateias cada vez maiores. Em 1988, um saguão projetado para duas mil pessoas não foi suficiente para acomodar todos os participantes. Em 1989, fiz palestras diante de plateias de 8.500 pessoas e, em 1990, esse número subiu para mais de 10.000.

Quatro anos depois da minha primeira palestra, em 7 de março de 1991, a Happy Science (*Kofuku-no-Kagaku*) estabeleceu-se oficialmente como organização religiosa. Nossa nova condição nos deu mais credibilidade para difundir nosso movimento e mensagens pelo mundo. Nossa fé depositamos em El Cantare, líder dos espíritos elevados da nona dimensão (sobre o qual revelaremos mais ao longo deste livro) e reencarnação do mais venerado Buda.

A primeira celebração pública anual do meu aniversário ocorreu no estádio de Tokyo Dome, em julho de 1991, com um público de não menos do que 50.000 seguidores. Esses números de afiliados significam que, no mesmo ano em que se estabeleceu como religião, a Happy Science se tornou uma das maiores instituições religiosas do Japão. O rápido crescimento desse movimento nunca foi igualado por nenhum outro grupo religioso desse país.

Em setembro desse ano, demos início a uma iniciativa chamada Revolução da Esperança. Nossa esperança era libertar o povo japonês das trevas espirituais que predominavam no Japão pós-guerra, e criar uma sociedade ideal.

Em 1992 e 1993, ampliei meus ensinamentos e esclareci de que maneira eles se baseavam nos princípios budistas. Minhas palestras foram transmitidas pela TV em todo o país, atraindo seguidores de todo o Japão para a nossa campanha Revolução da Esperança; o número total de seguidores aumentou, chegando à casa dos milhões.

Desde aqueles primeiros tempos, o movimento tem crescido, superando mais de dez milhões de membros em todo o mundo. Eu atribuo o nosso sucesso à importância e ao momento oportuno da missão e mensagem a mim confiadas.

Neste livro, ofereço em língua portuguesa o conhecimento e a sabedoria espirituais que tive a bênção de receber e fui incumbido de compartilhar com o mundo.

RUYHO OKAWA

▶

As dimensões espirituais são examinadas ao longo de todo este livro. A tabela a seguir apresenta um pequeno resumo da estrutura dimensional do mundo real e dos respectivos reinos, níveis espirituais e estágios de desenvolvimento do amor. Para descrições mais detalhadas das dimensões relacionadas abaixo, consulte a sessão "A Evolução da Consciência Espiritual", no capítulo 3:

## ESTRUTURA DIMENSIONAL DO MUNDO REAL

| Dimensões | Nome dos Reinos | Nível Espiritual | Estágios de Desenvolvimento do Amor |
|---|---|---|---|
| Nona | Reino Cósmico | Salvadores, Messias | Amor de Messias |
| Oitava | Reino dos Tathagatas | Tathagatas, Grandes Anjos de Luz, Grandes Espíritos Guias de Luz | Amor Encarnado ou Amor Personificado |
| Sétima | Reino dos Bodisatvas | Bodisatvas, Anjos de Luz | Amor que Perdoa |
| Sexta | Reino da Luz | Arhats e Anjos (reino superior da sexta dimensão) | Amor que nutre espiritualmente |
| Quinta | Reino do Bem ou Reino dos Bondosos | | Amor fundamental ou Amor que se dá |
| Quarta | Reino Póstumo ou Reino Astral e Inferno | | Amor Instintivo |
| Terceira | O mundo terreno | | |

• PARTE UM •

# A Aurora da Nova Era

O meu mais ardente desejo é ter milhões de companheiros que aspiram criar um mundo ideal. Nos anos que se passaram, o princípio da felicidade que estou transmitindo provou ser o caminho para a salvação. Com base nessa evidência, lancei um grande movimento para a salvação dos seres humanos. Eu gostaria de levar esse movimento adiante, de mãos dadas com aqueles de vocês que leem agora este livro. Nós trabalharemos para erradicar o ateísmo e as atividades espirituais mal direcionadas, e estabelecer a Verdade como o alicerce principal da sociedade. Meu desejo é que um número cada vez maior de pessoas venha a conhecer a Verdade espiritual e declarar o início de uma nova era. Você, que pegou nas mãos este livro, desperte! Você desempenhará diversos papéis importantes na era da salvação.

Em março de 1987, no auditório público de Ushigome, em Tóquio, fiz a minha primeira palestra sobre a salvação. Com a promessa de salvar a humanidade, ensinei sobre os princípios da felicidade, os quatro principais componentes para se atingir a felicidade: os princípios do amor, da sabedoria, da reflexão e do desenvolvimento. Esses princípios são de vital importância e constituem os modernos Quatro Corretos Caminhos. Não é um exagero dizer que o desenvolvimento da Happy Science, desde aquela época até os dias de hoje, foi tudo previsto na minha primeira palestra que fiz em público. Por essa razão, não hesito em dizer que este livro é uma leitura indispensável para todos os buscadores da Verdade, e seu estudo contínuo lhes aprofundará o entendimento. O capítulo sobre "O Princípio do Amor" foi oferecido sob a orientação espiritual de Jesus Cristo e anuncia a chegada de uma nova era. Em "O Princípio do Coração", apresento uma série de maneiras de explorarmos o Correto Coração, que é essencial para aqueles que estão estudando a Verdade.

Ofereço este livro fervoroso àqueles que anteciparam ansiosamente a sua chegada. Este é o momento de criar um mundo ideal.

> *Prometam salvar a humanidade, aqui e agora.*
> *Ouçam, meus companheiros,*
> *A Verdade desta mensagem,*
> *Se forem seres humanos generosos.*

UM

# O Princípio da Felicidade

### Juventude

Para começar, eu gostaria de descrever como eu me envolvi no mundo da religião. Aos vinte e poucos anos, era um estudante universitário sem muito interesse pelas questões espirituais. Naquela época, contudo, quando eu estava num ônibus ou num trem, por alguma razão a palavra *eternidade* costumava aparecer com frequência, em grandes letras brancas, diante dos meus olhos. Eu não sabia por que essa palavra vivia aparecendo para mim, mas isso acontecia de tempos em tempos. Sem nenhuma ideia do que me esperava, eu costumava dizer aos meus amigos, "No futuro, eu gostaria de difundir pensamentos que serão transmitidos durante milhares de anos". Eu não estava consciente de por que dizia isso, mas acalentava o sonho incerto de ser escritor, ou pelo menos ser filósofo. Agora entendo que, naquela época, o palco para o meu futuro já estava montado. Mas, à medida que o tempo passava, meu sonho começou a parecer mais distante. Embora eu me sentisse atraído pelo conceito de eternidade e a palavra *eternidade* continuasse aparecendo nos meus pensamentos, aos poucos fui sendo influenciado pelos meus amigos, cujo objetivo era atingir o sucesso material.

Durante meus tempos de estudante, na Universidade de Tóquio, eu lia livros sobre uma ampla gama de assuntos, em vez de me ater a um único campo de estudo. Eu me interessava pelas leis que governam a sociedade e, sem perceber, sentia-me cada vez mais atraído pela ideia de atingir o sucesso mundano. Gradativamente, o meu desejo de prosperar e fazer sucesso neste mundo foi se tornando cada vez mais forte. Eu achava que seria muito feliz se, depois de estudar com muito afinco, pudesse dedicar minha vida a um trabalho altamente respeitável. Nessa época eu tinha duas opções: continuar no meio acadêmico e me tornar um estudioso, talvez especialista em filosofia política, ou atingir o sucesso fora do mundo acadêmico. Continuei por um tempo dividido entre esses dois caminhos, mas à medida que a minha formatura se aproximava e eu via meus amigos colocando suas capacidades à prova no mundo lá fora, sentia-me cada vez mais propenso a seguir nessa direção. Contudo, ainda queria estudar e aprender.

Eu me especializei em direito e estudei incansavelmente. Apesar dos meus esforços, porém, meus sonhos de atingir o sucesso material se frustraram. Na época, eu não conseguia imaginar por quê. Meus colegas de universidade não pareciam ter dificuldade para encontrar uma boa chance em seus campos de trabalho. A maioria dos membros do meu grupo de estudo conseguiu se tornar diplomatas, altos funcionários do governo, e alguns se dedicaram à advocacia. Com a formatura se aproximando, minha meta era entrar para um desses campos depois de terminar os estudos. No entanto, toda vez que marcava a data de um exame ou uma entrevista de trabalho, algo atrapalhava; era como se surgisse uma muralha bloqueando o meu caminho. Eu fiquei sem saber o que fazer e me perguntava se deveria realmente entrar para o mundo dos negócios ou para o funcionalismo público.

Contudo, num dia de outono, recebi o telefonema de uma empresa de comércio exterior, e sem pensar duas vezes aceitei sua proposta de trabalho. Nessa época eu ainda não tinha certeza de que caminho seguir ou em que direção canalizar minhas aspirações. Na verdade, não foi nenhuma surpresa não conseguir encontrar uma posição que estivesse de acordo com meus ideais, pois nenhuma profissão seria capaz de satisfazer meu anseio pela eternidade. Fui criado na zona rural, mas, por ironia, comecei a trabalhar numa companhia ligada ao comércio exterior e fui imediatamente enviado para a cidade de Nova York. Eu me vi num mundo que era completamente oposto ao dos buscadores da Verdade budistas ou cristãos. Era um mundo altamente competitivo, onde as pessoas só pensavam em números, dia após dia.

A primeira coisa que eu fazia pela manhã era ir para o escritório algumas horas antes que os outros funcionários e ler as notícias internacionais enviadas por Telex (e que muitas vezes tinham mais de trinta páginas), analisá-las e pensar na estratégia do dia o mais rápido possível. Com uma xícara de café na mão, eu folheava os jornais em busca das últimas notícias de economia e finanças, tentando descobrir indícios úteis de tendências e fatores críticos que ninguém tivesse percebido ainda. Esse era o meu trabalho na empresa.

## O Caminho para a Verdade

Em 23 de março de 1981, comecei inesperadamente a receber as revelações espirituais que me levaram a dar uma guinada em minha vida.[*1] As primeiras mensagens, que vieram dos espíritos dos mestres budistas japoneses Nikko (1246-1333) e Nichiren (1222-1282),[†2] provocaram-me um choque, como se eu tivesse sido perfurado por um raio de luz. A revelação celestial mostrou que a minha vida estava tomando um rumo completamente errado. No entanto, eu precisava manter uma certa coesão na minha vida. Depois de receber revelações do mundo celestial, sentia que não seria mais possível continuar vivendo uma vida comum. No entanto, era impossível viver nas montanhas, como os monges faziam, por isso procurei de algum modo conciliar minha carreira no mundo dos negócios com minha busca pela Verdade eterna. Ao longo dos quatro ou cinco anos seguintes, continuei buscando a Verdade, enquanto ainda trabalhava na empresa de comércio exterior. Mas a minha busca espiritual ocupava menos de 10% do meu tempo. A essa altura, embora estivesse recebendo mensagens espirituais continuamente, ainda não sabia ao certo o que me aguardava, por isso decidi não fazer nenhuma mudança significativa na minha vida até que tivesse uma visão clara do que me reservava o

---
\* Na primeira revelação, as palavras "Boas Novas" vieram repetidamente por meio da escrita automática.
† Nichiren, fundador da seita Nichiren do budismo no século XIII, ensinou a devoção ao Sutra do Lótus. Segundo o budismo Nichiren, pode-se obter a iluminação na vida presente.

futuro. De qualquer maneira, eu era jovem e não tinha experiência suficiente para comunicar minhas descobertas extraordinárias a outras pessoas.

Eu pensava, "Os fenômenos espirituais que estou vivenciando têm de ser reais, mas, se eu começar a ensinar as pessoas agora, com certeza fracassarei. As pessoas pensarão que perdi o juízo. Por hora, só preciso ter paciência e me esforçar para aprender, para compensar minha falta de experiência". Então, decidi esperar pacientemente até ganhar mais confiança para ensinar às pessoas a Verdade que me era revelada. Achei que deveria esperar a hora certa, convicto de que logo chegaria o momento de entrar em ação.

Eu continuei a acumular muitos tipos de experiência espiritual. Por fim, depois de voltar ao Japão (ao recusar uma ótima promoção em Nova York), acabei desistindo do mundo dos negócios e fazendo um retiro prolongado. Publiquei vários livros de mensagens espirituais e fiquei impressionado ao constatar que se tornaram *best-sellers* no Japão. Mas eu também já tinha recebido centenas de outras comunicações que não publiquei na ocasião. Tenho estabelecido contato com centenas de espíritos elevados.[*] Para escrever meu primeiro livro, *The Spiritual Messages of Nichiren*[†], passei quatro anos acumulando dados, o que significa que tinha cem vezes mais mensagens do que as que aparecem no livro. Além disso, esse livro tinha uma base notavelmente sólida de experiência e sabedoria recebida. Eu estava convicto de que, sem uma base sólida como essa, eu não poderia avançar nem um pouco. Também compreendi que Nichiren foi apenas um guia inicial, e que além dele havia quatrocentos ou quinhentos espíritos elevados prontos para me orientar. Três ou quatro meses depois das minhas primeiras comunicações espirituais, comecei a receber mensagens de Jesus Cristo.

No entanto, em vez de transmitir essas mensagens imediatamente, passei algum tempo confirmando sua autenticidade. Na realidade, demorou pelo menos mais três anos para que eu finalmente confirmasse que as mensagens de Nichiren eram genuínas.

---

[*] Os espíritos elevados são aqueles cuja morada são os reinos superiores da sexta dimensão e mais além, no mundo espiritual. Eles incluem anjos de luz e também aqueles que estão se preparando para se tornarem anjos de luz.
[†] *Mensagens Espirituais de Nichiren*, ainda não publicado em português.

# A Responsabilidade de um Líder Espiritual

Existem muitas organizações religiosas recém-estabelecidas nestes tempos conturbados, e a maioria dos líderes desses grupos começou a pregar logo após passar por experiências espirituais não usuais. No entanto, muitos deles não parecem perceber o quanto é grande a responsabilidade de um líder espiritual. Um simples engano pode desencaminhar milhões de pessoas, não só desta era, como das gerações futuras. Danos dessa natureza não podem ser facilmente corrigidos.

O contato espiritual com muitos líderes religiosos já falecidos levou-me a ser extremamente cauteloso, e essa é razão por que me abstive de tomar qualquer atitude antes de poder confirmar com certeza a autenticidade das revelações que recebi de Nichiren. Durante mais de quatro anos, suas mensagens foram coerentes e sua personalidade, constante. As mensagens eram tão lógicas e inspiradoras que mesmo as pessoas mais brilhantes da Terra não conseguiriam se equiparar a elas.

Por outro lado, os espíritos do inferno são inconsistentes. Não importa o quanto seus esforços sejam fervorosos, as inconsistências das suas palavras logo são reveladas. Os espíritos malignos comuns são muito diretos: eles só se queixam da sua dor. No entanto, Satã e seus demônios* são muito experientes e extremamente astutos. Eles vangloriam-se dos seus conhecimentos religiosos com respeito, por exemplo, ao carma† e à reencarnação.‡ Eles podem até transmitir mensagens, tal como, "Salve as pessoas. Estou transmitindo a palavra de Deus, por isso você deve difundir essas mensagens para o povo. Publique minhas mensagens em forma de livro e distribua-o de casa em casa". Mesmo que você os ouça dizendo coisas desse tipo, precisa ter cautela. Inteligência espiritual, ou conhecimento da Verdade, é essencial para discernirmos as verdadeiras intenções desses espíritos. Podem existir espíri-

---
\* Satã e seus demônios são espíritos das regiões mais profundas do inferno que são incapazes de refletir sobre seus pensamentos e feitos, e continuam a cometer maus atos até depois da morte. Vários deles foram líderes religiosos ou políticos que enganaram muita gente quando vivos.
† O carma consiste nas tendências da alma, desenvolvidas durante encarnações passadas e que afetam nossa vida presente.
‡ Reencarnação é a lei segundo a qual toda alma humana tem direito à vida eterna e renasce repetidas vezes na Terra para evolução da alma.

tos maliciosos dotados de grandes poderes sobrenaturais ou força de vontade, mas eles não têm um conhecimento sistemático da Verdade universal, pois no inferno não há como aprender essas verdades.

Contudo, se você estudar com humildade não só o budismo, mas também outras religiões, como o cristianismo, o xintoísmo e o taoismo, e também estudar moralidade, filosofia e ciências, o seu conhecimento aprofundado lhe dará capacidade para perceber a linha de raciocínio que liga todos os pensamentos e ciências, e de reconhecer as inconsistências no que os demônios dizem. Em comparação, aqueles que acreditam exclusivamente no budismo esotérico, por exemplo, ou numa determinada seita cristã, e fecham os olhos recusando outras ideias, podem ser facilmente enganados por um espírito malicioso que conheça profundamente essa crença em particular. Você pode se deparar com esses fiéis em certas seitas cristãs. Eu mesmo já fui abordado por pessoas desse tipo.

Um dia, quando eu saía de uma estação do metrô, uma mulher de uma seita cristã se aproximou de mim e perguntou, "Posso falar com você um minutinho?" Ela não me deu chance de recusar, continuando, "Você parece que está com problemas". É claro que eu estava com problemas, pois precisava encontrar um jeito de me livrar dela. Ela continuou, "Talvez você esteja possuído por algum mau espírito. Posso purificar você se me der alguns minutos". Eu recusei a oferta de ser purificado no meio da rua. Então ela disse, "Por que não vamos para um lugar mais tranquilo?" Fiz todo o possível para recusar seu convite. Mas ela era persistente; insistia em dizer que tinha que salvar o maior número possível de ovelhas. Por fim, fui forçado a dar uma desculpa para poder me esquivar.

Depois de analisar as novas religiões e olhar os seus fundadores no mundo póstumo, tomei a firme resolução de não assumir as responsabilidades do caminho religioso enquanto não pudesse fazer isso com total convicção. Normalmente, ninguém esperaria seis anos para divulgar mensagens recebidas de Nichiren ou Jesus Cristo. Geralmente as pessoas que passam por essas experiências começam a disseminar as mensagens imediatamente, mas eu não agi dessa maneira. Decidi que, mesmo que levasse anos, eu não tomaria nenhuma providência para aparecer em público enquanto não pudesse confirmar, de maneira concreta e inegável, que as mensagens espirituais recebidas por mim realmente provinham de espíritos elevados. A Happy Science tem sido prudente e cuidadosa em suas atividades.

Eu comecei de maneira muito modesta, com a intenção de construir fundamentos firmes antes de apresentar meus próprios ensinamentos. Meus livros de mensagens espirituais representam apenas uma pequeníssima parte de todo o conhecimento que adquiri. Eles consistem em mensagens selecionadas que analisei e me certifiquei de que eram verdadeiras. Aqueles que se tornam membros da Happy Science são solicitados a cultivar o Correto Coração diariamente, mas alguns se esquecem rapidamente dessa necessidade, mesmo quando estão inspirados no início. Entretanto, durante anos eu tenho continuado a cultivar o Correto Coração dia após dia. Do contrário é impossível comunicar-se com espíritos elevados. Precisamos atingir a mesma vibração desses espíritos elevados se quisermos nos comunicar com eles. Essa é a lei do universo, e não há exceções.

## O que é um Profeta?

Os profetas são diferentes dos médiuns espirituais comuns. Enquanto os médiuns ouvem as palavras dos espíritos das pessoas comuns que já passaram para o outro mundo, os profetas podem ouvir as palavras dos espíritos elevados. Eles não predizem, simplesmente, o que vai acontecer: eles transmitem as palavras e a vontade de Deus.

Um exemplo é Moisés, que livrou o povo de Israel da escravidão no Egito, milhares de anos atrás. Moisés era capaz de ouvir as vozes dos espíritos divinos da nona dimensão, porque ele era um profeta. Era sua missão transmitir as palavras desses espíritos divinos.

Outro profeta, Elias, que viveu em torno de três mil anos atrás, desafiou quinhentos sacerdotes de Baal ao mostrar-lhes o quanto estava errada a crença de que Baal concederia às pessoas tudo o que desejassem. O culto a Baal, deus da tempestade, também conhecido como deus da fertilidade, não conseguiu acabar com a seca profetizada por Elias. O profeta disse, "Invocai o nome do vosso deus e eu invocarei o nome do Senhor. O deus que ouvir enviando fogo – esse é o Deus verdadeiro" (1 Reis 18:24).

O confronto do Monte Carmelo começou logo cedo, pela manhã. Os sacerdotes pagãos fizeram um sacrifício no altar e rezaram a Baal para que ele lhe ateasse fogo. Desde a manhã até o meio-dia eles clamaram ao seu deus, mas não houve resposta, nenhum fogo veio do céu. Metade do dia se passou e eles começaram a se autoflagelar com facas e lanças, como era o costume. Cobertos de sangue, dançaram e continuaram clamando em voz alta, mas nenhum fogo apareceu. Diante disso, Elias começou a zombar deles e escarnecê-los. Então invocou seu deus, Javé, e tão logo começou a rezar um fogo bramiu do céu, incendiando o altar e consumando seu sacrifício. Logo em seguida, a chuva caiu pela primeira vez em três anos. (Ver capítulo 5 de *As Leis Douradas*.)

Mais recentemente, Jesus Cristo foi enviado do mundo celestial. Quando um dos seus discípulos pediu, "Senhor, mostra-nos o Pai e isso nos basta" (João 14:8), ele respondeu, "Não acreditas que eu estou no Pai, e que o Pai está em mim? As palavras que eu vos digo, não as digo por mim mesmo; mas o Pai, que permanecendo em mim, é que realiza as suas obras" (João 14:10). A verdade era que grandes espíritos divinos desceram à Terra e falaram através de Jesus. Espíritos divinos da nona dimensão pregaram através de Jesus, ou melhor, inspiravam-no enquanto ele pregava. É por isso que Jesus costumava dizer, "Crede-me: Eu estou no Pai, e o Pai está em mim" (João 14-11). Jesus estava transmitindo as palavras desses espíritos divinos.

Maomé (570-632 EC) era um comerciante e condutor de camelos no deserto que se tornou profeta. Aos 40 anos, enquanto meditava numa caverna, ele ouviu uma ruidosa voz lhe dizendo, "Maomé, eu sou o deus, Alá". Embora a princípio tenha se assustado, Maomé acabou percebendo o quão significante era essa experiência espiritual. Ele recebeu numerosas revelações do mundo celestial, e essas mensagens divinas são a base do Alcorão, os ensinamentos islâmicos. Maomé ouviu atentamente e memorizou as mensagens e posteriormente repetiu-as para os seus seguidores, que as reproduziram em pergaminhos, ossos ou no que quer que tivessem à mão. (Ver capítulo 5 de *As Leis Douradas*.)

Desse modo, ao longo da história, espíritos divinos têm vindo à Terra como profetas para transmitir as palavras de Deus.

## Primeiro Aprenda, depois Ensine

Na Happy Science, damos grande importância ao conhecimento, pois sem ele não podemos distinguir o certo do errado. Esse não é o tipo de conhecimento que exigem de nós nos exames escolares, mas o conhecimento da Verdade espiritual. Você perceberá que existem certas inconsistências nos ensinamentos religiosos e filosofias existentes quando compará-los com o conhecimento da Verdade encontrado em nossos livros. Em outras palavras, nossos livros contêm certas críticas implícitas.

Conhecimento, como sabemos, é poder. Por isso, como primeiro passo, eu gostaria que você adquirisse o conhecimento da Verdade, pois o conhecimento é de extrema importância. Quando ler os livros sobre a Verdade, peço que não se satisfaça em ler cada livro uma única vez; confira e verifique se realmente assimilou o que leu.

Se quiser aprofundar seus estudos acadêmicos, verá que existem muitos professores, mas não existe um lugar onde possa verificar se o seu entendimento da Verdade está correto. A nossa intenção é transmitir a Verdade pelo mundo todo, mas neste momento eu destaco a importância vital de consolidar os nossos fundamentos. A nossa estratégia básica é primeiro fortalecer o interior e depois o exterior; construindo a base e depois erigindo os pilares. A ordem correta é buscar a Verdade, estudá-la e transmiti-la aos outros.

Assim como eu passei seis anos criando a base da Happy Science, primeiro estude a Verdade exaustivamente. Considere com cuidado o que você quer transmitir. Como disse Jesus Cristo, "Se um cego guiar outro cego, ambos cairão no buraco" (Mateus 15:14). Você não pode ensinar aos outros aquilo que não entende. Novas religiões muitas vezes criam problemas porque aqueles que ainda não adquiriram verdadeira sabedoria espiritual tentam guiar as outras pessoas e atraí-las para suas organizações. É maravilhoso conversar com alguém que tenha uma personalidade cativante, possua vasto conhecimento espiritual e tenha compreensão da verdade. Mas geralmente não é esse o caso, pois os seguidores tentam converter as outras pessoas para suas religiões à base da força, fazendo com que todo mundo acabe se sentindo incomodado.

Para evitar problemas semelhantes, é melhor que passemos algum tempo buscando a Verdade e estudando-a antes de transmiti-la aos outros. É por isso que, nos primeiros anos, eu limitei a nossa organização a um grupo de estudo. Ainda não tínhamos religiosos treinados para ensinar os recém-chegados e o aumento do número de membros nessa fase só traria confusão. Por causa disso, nos primeiros anos, eu instruí pessoas que tinham conhecimento suficiente dos ensinamentos da Verdade, palestrantes que poderiam ensinar outras pessoas e que se tornariam o centro do nosso esforço missionário. Agora, eu já construí a base para os ensinamentos das Leis, por isso, antes de pensar em transmitir os ensinamentos, peço que primeiro os estude. Vou agora explicar o que disse em termos budistas: a "Maaiana" só pode começar depois que a "Theravada" já estiver estabelecida.* Isto é, somente depois que você atingir a iluminação, poderá salvar os outros. Quando as pessoas começam a fazer o inverso do que estou dizendo, as consequências podem ser trágicas. Portanto, primeiro encontre você mesmo a felicidade antes de tentar fazer os outros felizes.

A Happy Science começou suas atividades como um tipo de grupo Theravada. Mas agora eu gostaria de disseminar a Verdade pelo mundo todo com as fundações internas firmemente estabelecidas. O que você aprendeu com os ensinamentos da Happy Science? A menos que possa responder a essa pergunta, não pode ensinar às pessoas a Verdade.

## Os Quatro Corretos Caminhos para a Verdadeira Felicidade

Por fim, eu gostaria de discorrer sobre o tema principal deste capítulo, os princípios da felicidade, que são exclusivos da Happy Science. Existem várias maneiras de nos tornarmos felizes, mas o tipo de felicidade a que me refiro não é aquele que podemos usufruir apenas neste mundo. Trata-se de uma alegria que levamos conosco deste mundo para o outro. Estamos explorando os princípios da felicidade que se aplicam ao passado, ao presente e ao futuro. O ponto de partida desses

---

* No budismo, a escola theravada, mais tradicional, segue precisamente a meditação e os ensinamentos do Buda Shakyamuni na busca por uma iluminação superior. O movimento maaiana, ou "movimento para as massas", reformulou os ensinamentos do Buda com a intenção de salvar o maior número possível de pessoas.

princípios é aceitar efetuar a busca pelo Correto Coração. Todo indivíduo tem dentro de si um diamante, e esse diamante puro representa o Correto Coração. Você pode pensar que os espíritos altamente evoluídos são melhores do que os de nível inferior; por exemplo, que os Tathagatas* da oitava dimensão são melhores do que os Bodisatvas† da sétima, e que os Bodisatvas são melhores do que os espíritos do Reino da Luz da sexta dimensão, no outro mundo.

No entanto, as pessoas não devem ser julgadas apenas pelo seu nível espiritual. O diamante dentro de cada pessoa é, na essência, o mesmo. A única diferença é o nível de refinamento e brilho do diamante, que são resultado de numerosas encarnações. Aqueles que se esforçam para polir o diamante interior se tornam anjos de luz. Por isso, se você continuar lapidando o seu diamante interior, ele certamente brilhará. Essa é a verdade para todos.

Contudo, ninguém pode se tornar Tathagata instantaneamente. Para fazer o seu diamante brilhar de forma resplandecente, você precisa concentrar esforços de maneira constante e incansável. Esses esforços são exatamente os mesmos que você faz quando busca pelo Correto Coração; essa disciplina espiritual é que lhe permite descobrir a sua verdadeira natureza. Por meio do esforço diário para praticar o Correto Coração, você entrará no próximo estágio, no qual se busca a verdadeira felicidade.

### *Amor*

O primeiro princípio da felicidade é o amor. Esse amor não é o tipo de amor que você espera receber dos outros. O amor que ensino na Happy Science é o amor "que se dá".[3] A verdadeira natureza do amor que se dá baseia-se no despertar para o fato de que todos os seres humanos são filhos de Deus e se originaram nele, e que, na essência, você

---

* Um Tathagata (sânscrito e pali) é um Grande Espírito Guia de Luz, que reside na oitava dimensão do Mundo Real. O Tathagata é uma personificação da Verdade Absoluta, um ser que manifesta amor pelos seres humanos e os instrui. O termo implica uma transcendência da condição humana.
† O Bodisatva (sânscrito) é um anjo de luz que reside na sétima dimensão do Mundo Real. O Bodisatva é movido pela compaixão e dedica-se a iluminar e salvar pessoas por meio da vontade do Buda.

e os outros são um só. Mesmo que você pareça ter uma personalidade completamente diferente da das outras pessoas à sua volta, a sua verdadeira natureza é essencialmente igual à natureza verdadeira de todas as outras pessoas. Essa é a base do amor verdadeiro. É só porque você pensa que está separado das outras pessoas que surgem o conflito e a discórdia. Quando tivermos despertado para o fato de que, em essência, somos todos um, de que todos nos originamos de Deus e somos todos seus filhos, passaremos naturalmente a nos amar uns aos outros. Podemos ter personalidades diferentes, mas é esperado que cada um de nós perceba a nossa essência espiritual comum, ao mesmo tempo que valorizamos a nossa individualidade.

O que significa exatamente amar os outros? Significa desejar o bem às outras pessoas e querer contribuir para o progresso espiritual delas sem esperar nada em troca. Trata-se de um amor desinteressado, desvinculado do desejo pessoal. Como a sua essência e a essência das outras pessoas são a mesma, é preciso que você ame os outros como ama a si mesmo. É fácil amar a si mesmo; não é algo que precisem nos ensinar. Mas, infelizmente, depois que nascemos num corpo físico e nos vemos como seres separados e distintos, esquecemo-nos de amar os outros. É por isso que precisamos aprender a praticar o amor que se dá.

O ensinamento do amor parece ter origem cristã, mas o amor que se dá é o mesmo que compaixão, que é a base dos ensinamentos do Buda Shakyamuni. Traduzindo em termos modernos, Shakyamuni ensinou, "Primeiro, pense em dar amor". Esse é o significado dos seus ensinamentos sobre compaixão. O amor, portanto, é o primeiro princípio da felicidade.

### Conhecimento

O segundo princípio da felicidade é o conhecimento. Como mencionei anteriormente, é importante ter um conhecimento correto da Verdade espiritual. Sem esse conhecimento da Verdade, os seres humanos não podem ser livres, no verdadeiro sentido. Eu me sinto verdadeiramente livre, porque estou confiante do meu correto conhecimento da Verdade. Algumas religiões não entendem esse conceito. Pegue como exemplo os missionários cristãos que vêm para o Japão.

No seu afã de converter e salvar pessoas, eles insistem, "Você precisa se desfazer do seu altar budista e se converter ao cristianismo. Não pode entrar no céu se não abandonar o budismo". Esses missionários podem ser dedicados e puros de coração, mas não têm consciência da Verdade. Acreditam que, a menos que as pessoas deixem de lado sua fé no budismo "herético", não vão para o céu. Sentem alívio ao ver pessoas se convertendo ao cristianismo, confiantes de que agora poderão entrar no mundo celestial.

Os espíritos elevados do mundo celestial sentem-se infelizes ao verem isso. Muitos religiosos dedicados acreditam que somente a religião deles pode salvar as pessoas, porque não sabem que a Verdade também pode ser encontrada em outras religiões. Essa confusão é lamentável. Para evitar isso, você precisa ter o conhecimento correto da Verdade. Esse é o verdadeiro significado da frase "A Verdade vos tornará livres" (João 8:32).

## *Reflexão*

O terceiro princípio da felicidade é a reflexão, que está estreitamente relacionada com a prática do Correto Coração. Em essência, somos todos filhos de Deus com almas de luz resplandecente. No entanto, assim como um diamante acumula sujeira se for negligenciado, a nossa alma inevitavelmente também acumula poeira e impurezas enquanto vivemos neste mundo. A nossa missão na vida é purificar a nossa alma.

Claro, podemos receber ajuda de um poder exterior; seria como pedir ajuda a um especialista, e às vezes precisamos desse auxílio. Mas, em vez de ficar de braços cruzados esperando ajuda, precisamos nos ocupar em polir o nosso diamante. Se não for para nos aperfeiçoar, qual o sentido de praticar a espiritualidade?

Durante o curso da nossa vida, às vezes cometemos erros. Se você perceber que cometeu um erro, quem poderá corrigi-lo a não ser você mesmo? Embora outra pessoa possa lavar seu corpo, só você pode limpar a sua alma. A reflexão se baseia no poder pessoal;* ela nos ajuda a

---

* Ensinamentos sobre a força do poder pessoal baseiam-se no espírito da autoajuda. Trata-se da atitude de aceitar o desafio de se purificar espiritualmente e melhorar-se por meio dos próprios esforços.

ver o que precisa ser corrigido. Comece refletindo sobre os seus pensamentos e ações do passado. Não há sentido em banhar de ouro um metal cheio de ferrugem. Se existir ferrugem por baixo, logo a superfície brilhante descascará.

O ensinamento da reflexão é o caminho para o nível do Arhat,* o reino na parte superior da sexta dimensão. Arhat é o estágio preparatório para se tornar um anjo de luz, um Bodisatva. Antes de atravessar esse portão para o nível dos Bodisatvas, é essencial seguir o caminho da reflexão. Você precisa se empenhar em remover a "ferrugem" que encobre o seu coração, deixando que a aura espiritual, ou halo, irradie de você. Vise primeiro o nível de Arhat, um nível que todos podemos alcançar nesta vida. Embora todos nós tenhamos acumulado carma, ou ferrugem na alma, em encarnações passadas, e estejamos passando por diferentes estágios de desenvolvimento espiritual, todos – sem exceção – podem atingir o nível do Arhat. Muito mais difícil é avançar nos estágios além desse, mas por meio do aprimoramento espiritual, você certamente será capaz de desenvolver uma aura espiritual e se tornar um Arhat. Esse é o verdadeiro propósito de se praticar a reflexão a respeito dos nossos pensamentos e atos. Se produzirmos mil Arhats em cada país, suas obras como políticos, professores e líderes empresariais exercerão uma grande influência sobre as pessoas ao redor deles e a sociedade acabará mudando. Um Arhat pode influenciar cinquenta ou até cem pessoas, por isso, se existirem mil Arhats, em torno de cem mil pessoas mudarão gradativamente e essas cem mil mudarão milhões, e assim sucessivamente. Creio que essa é a maneira correta de se propagar a Verdade.

### Desenvolvimento

Após a reflexão vem o quarto princípio da felicidade: o desenvolvimento. Se as pessoas buscarem o desenvolvimento sem a prática da reflexão, elas provavelmente encontrarão dificuldades antes de atingir o sucesso. Podemos nos tornar um Arhat quando alcançamos um de-

---

* Arhat é o estado que corresponde ao reino superior na sexta dimensão. Nele a pessoa dissipa as nuvens que encobrem o coração praticando a reflexão, e passa por um aprimoramento espiritual para atingir o estado de Bodisatva. (Ver capítulo 4 de *As Leis do Sol*.)

terminado nível de iluminação. Quando alcançamos o nível seguinte, da prática do amor e da salvação de outras pessoas, avançamos para o nível dos Bodisatvas da sétima dimensão. Os Bodisatvas então prosseguem para o Reino dos Tathagatas, onde não existe escuridão, mal ou sombras, só luz.

Esses passos mostram claramente que o dualismo do bem e do mal não está em conflito com a ideia de que só a luz existe. (Ver capítulo 2 de *As Leis do Sol*.) É simplesmente uma questão de diferentes estágios. A maioria das pessoas primeiro precisa praticar a reflexão no mundo da dualidade e, depois que tiver acabado de purificar a alma, pode entrar no mundo onde só existe a luz. É um fato inegável que existem vários níveis diferentes no mundo espiritual,* e precisamos progredir de um estágio para o seguinte, gradativamente. Os espíritos da quarta dimensão não podem saltar diretamente para a oitava dimensão; precisam primeiro se aperfeiçoar na quinta dimensão. Os espíritos da quinta dimensão precisam primeiro passar pela sexta, em seguida pelo Reino dos Bodisatvas da sétima e somente então chegar ao Reino dos Tathagatas da oitava dimensão. É dessa maneira que o progresso pode ser obtido pelo caminho da reflexão; sem o sentimento de se estar progredindo, não se pode ser verdadeiramente feliz.

O último princípio da felicidade é o desenvolvimento: o desenvolvimento do eu, dos outros e da sociedade. O objetivo final é criar uma utopia, um mundo ideal na Terra. Os quatro princípios da felicidade, então, são o amor, o conhecimento, a reflexão e o desenvolvimento. Esses são os Quatro Corretos Caminhos da era moderna, que levarão você à verdadeira felicidade. Esse é o primeiro portal para o caminho dos Theravadas, que eu ensino. Haverá outras etapas, mas nesta primeira eu gostaria de analisar os Quatro Corretos Caminhos: o amor, o conhecimento, a reflexão e o desenvolvimento. Estou certo de que você desenvolverá a sua própria e verdadeira felicidade.

---

* O mundo espiritual é claramente dividido em muitas dimensões, e essas dimensões correspondem às vibrações espirituais e estado espiritual daqueles que ali vivem. Portanto, cada espírito vai para o seu reino correspondente.

DOIS

# O Princípio do Amor

### As Leis do Sol desde os Tempos Remotos

Em eras passadas, havia um enorme continente localizado ao sul do Japão, cujo centro é agora Jacarta, na Indonésia. Esse continente era chamado Mu, e ali o Império Mu prosperou até que o continente afundasse nas águas do oceano, sem deixar rastro, cerca de quinze mil anos atrás. Dois mil anos antes desse acontecimento, nasceu o grande imperador La Mu, ou a Luz de Mu. Durante os 73 anos da sua vida, ele ensinou as Leis do Sol, e o Império Mu usufruiu sua derradeira prosperidade.

Depois La Mu encarnou em Atlântida como Thoth, em torno de doze mil anos atrás. Atlântida era um grande império, com uma tecnologia científica extremamente avançada que, de certo modo, superava até a que temos hoje. Como mencionei em *As Leis do Sol*, nessa época os atlantes já possuíam dirigíveis. Esses veículos tinham o formato de baleias e mais de trinta metros. No alto desses dirigíveis, havia pirâmides parecidas com barbatanas, que convertiam energia solar numa energia que acionava os propulsores na calda. Na parte inferior, havia um compartimento para passageiros. Os dirigíveis flutuavam com gás, mas como eram movidos a energia solar, não podiam voar em dias nublados ou chuvosos.

A energia solar também era utilizada em transportes oceânicos. Havia embarcações em forma de orca que lembravam os nossos submarinos de hoje. No lugar das barbatanas, havia três pirâmides. Como esses veículos eram movidos por energia solar, tinham que subir à superfície de quando em quando para absorver luz solar e recarregar suas pirâmides solares.

Atlântida tinha uma forma primária de democracia e políticos experientes. Quase todos os membros do governo também eram líderes religiosos e cientistas. A genialidade de Thoth se expandiu para muitos campos, entre eles a religião, a política e a ciência. Os principais ensinamentos de Thoth, contudo, eram o princípio do amor e o princípio do conhecimento, que incluíam a estrutura do universo. Ambos os ensinamentos são mencionados no capítulo 5 de *As Leis do Sol*.

Thoth depois encarnou, há aproximadamente sete mil anos, como "Rient Arl Croud", no antigo Império Inca, nas montanhas andinas do Peru. Ali seus ensinamentos focavam nas formas de restaurar o coração humano, de modo que voltasse ao seu estado original.

Você talvez já tenha visitado os Andes ou visto fotografias aéreas, na TV ou em revistas, de estranhas figuras geométricas nessa região. Esses padrões, só reconhecíveis do céu, parecem pistas de pouso ou algum tipo de mensagem. Também existe o desenho de uma figura humana com um braço levantado. Essas figuras sugerem observadores de cima – não seres terrenos, mas seres do espaço. A ideia dos visitantes do espaço é popular hoje em dia, mas, na verdade, muitos extraterrestres têm visitado o nosso planeta.

Os incas adoravam os visitantes como se fossem deuses. No entanto, Rient Arl Croud alertava-os, explicando que eles eram apenas viajantes mais avançados do ponto de vista científico. Dizia que as pessoas dessas civilizações não deveriam ser consideradas deuses por causa simplesmente de seus avanços tecnológicos. Ele ensinava, "Deus não é algo que exista fora de vocês; ele mora dentro de nós. Tentem encontrar Deus em seu interior". Numa época em que a mente das pessoas estava voltada para fora, Rient Arl Croud as ensinava a buscar o próprio coração.

Posteriormente, cerca de 4.200 anos atrás, Rient Arl Croud encarnou na Grécia como Hermes. Embora a maioria das pessoas conheça

Hermes como um dos deuses gregos, ele na realidade viveu várias centenas de anos antes de Zeus.*

O tema central do seu ensinamento era a prosperidade, que ainda é transmitido sob o nome de Leis da Prosperidade e corresponde ao princípio do desenvolvimento que eu ensino. À medida que os ensinamentos de Hermes sobre prosperidade se propagavam, as artes e a literatura floresciam na Grécia. Desse modo, estava sendo preparado para que Zeus e Apolo encarnassem e contribuíssem, ativando o mundo das artes.

Durante o tempo de vida de Hermes, os gregos gozaram de paz e riqueza enquanto praticaram a Verdade corretamente. Mas, à medida que o tempo passava, eles começaram a interpretar incorretamente os ensinamentos e se tornaram corruptos; da prosperidade desviaram-se para a decadência. Observando isso do mundo celestial, Hermes resolveu ensinar uma filosofia totalmente oposta na sua encarnação seguinte, algo que livrasse as almas dos apegos materiais.

Hermes então encarnou na Índia 2.600 anos atrás, dessa vez como o conhecido Sidarta Gautama, o Buda Shakyamuni. Ele ensinou que a verdadeira felicidade não é encontrada na busca dos desejos mundanos, mas quando se elimina o apego. Também ensinou que todos têm um reino interior, um reino que ninguém pode invadir. Mesmo sem dinheiro, status social ou fama, esse reino possui grande valor. É por isso que Gautama, nascido príncipe e morando num palácio até os 29 anos, renunciou a uma vida de luxo e partiu como um mendigo.

Ele pensou, "A fama e o status que tenho há 29 anos são insignificantes. Eu comecei do nada quando nasci neste mundo, e agora começarei outra vez do zero". Durante seis anos ele seguiu rigorosas práticas de aprimoramento espiritual ao mesmo tempo em que meditava e buscava a iluminação. Por fim, cerca de três meses antes de fazer 36 anos, ele atingiu a grande iluminação à sombra de uma figueira denominada Pipal, ou árvore Bodhi, cuja natureza eu revelo no capítulo em que explico sobre o princípio da iluminação.

---

* As histórias dos deuses gregos foram mudando ao longo das eras até se transformarem nos mitos gregos; só 10 a 20% delas são exatas. Na realidade, Hermes viveu por volta de 2300 AEC e fundou a civilização grega, que viria a se tornar o berço da civilização ocidental. Hermes é o deus da prosperidade e das artes; ele guiou o povo do Egito helenístico sob o nome de Hermes Trismegistus e também era conhecido como Thoth.

Assim, o espírito de La Mu um dia reencarnou como Hermes, que ensinava prosperidade e desenvolvimento; e então renasceu como o Buda Shakyamuni, cujos ensinamentos centralizavam-se na reflexão. Esse foi o desenvolvimento das Leis do Sol de La Mu ao longo de 16 mil anos. Agora estou seguindo o mesmo caminho – os Quatro Corretos Caminhos, também chamados os princípios da felicidade – que consistem em amor, conhecimento, reflexão e desenvolvimento. Esse caminho integra os ensinamentos de amor e desenvolvimento de Hermes e os ensinamentos sobre o conhecimento e reflexão do Buda Shakyamuni. Considerei esses dois tipos de ensinamento como a base das minhas atividades. Esses são os antecedentes históricos do meu livro de fundamentos básicos, *As Leis do Sol*.

## A Profecia da Salvação

A publicação do meu livro de fundamentos básicos, *As Leis do Sol*, foi prevista há mais de quatrocentos anos na França por Michel de Nostradame (Nostradamus). Seu livro, *Centúrias*, é uma coleção de previsões simbólicas em forma de poesia. Essas previsões não eram específicas, mas uma alusão ao que poderia acontecer no futuro, embora suas previsões específicas não passem do ano 2000. Ele previu um acontecimento significativo em julho de 1999, e deu a entender que esse acontecimento poderia significar o fim da humanidade. No entanto, os poemas esotéricos também dizem que, se o mundo continuar como está, pode acabar no final do século XXI. Mas ainda existe uma esperança. Hermes reaparecerá no Oriente, diz Nostradamus, e o sucesso de Hermes pode salvar a humanidade. Em outra seção, Nostradamus escreve que as Leis do Sol serão ensinadas no Oriente, descendentes de anjos nascerão para salvar o mundo e uma nova Era Dourada se iniciará.

Em meu livro *As Leis Douradas*, descrevo em detalhes a história dos anjos de luz no Ocidente, no Oriente e no Japão, especificamente, e também como se desenrolará o futuro da humanidade. Explico que a Era Dourada de fato virá.* Eu não sou o único que nasceu para

---
* Como predisse Nostradamus, as Leis do Sol foram ensinadas no Oriente e, em resultado, suas previsões da guerra mundial e da invasão por um "rei do terror" em 1999 foram evitadas. (Com relação ao futuro da humanidade, veja o capítulo 6 de *As Leis Douradas*.)

criar essa Era Dourada. Todos vocês que estão lendo este livro nasceram para criá-la. Não foi por acaso que você encontrou o meu livro, mas porque já tinha ouvido minha voz muitas vezes antes, ao longo de dezenas de milhares de anos. Assim como estuda as minhas palavras hoje, você já as estudou antes. A energia de uma ou duas pessoas não é suficiente para criar a Era Dourada; para tornar esse futuro viável precisamos dar as mãos e iniciar um poderoso fluxo de energia divina.

Nascemos neste mundo para iniciar esse movimento, e muitos anjos de luz se unirão a nós. Eu não iniciei a Happy Science para formar um simples grupo religioso. Centenas de líderes religiosos já estão se declarando messias e formando grupos, e eu não tenho intenção de competir com eles. Eu vim a este mundo para integrar todos os diferentes ensinamentos que derivaram de uma única e mesmíssima fonte, e para construir as bases da Era Dourada. Embora a primeira fase do nosso movimento possa parecer uma reforma religiosa, não é minha intenção destruir ou confundir outros grupos religiosos declarando que só os meus ensinamentos estão corretos.

A primeira etapa do nosso movimento irá trazer algumas mudanças drásticas no mundo da religião. Esse, porém, não é nosso objetivo final. Na segunda etapa, nosso movimento irá trazer mudanças radicais em toda a sociedade. Assim como muitas pessoas têm surgido para construir os alicerces das nações ao longo da história, muitos "guerreiros de luz" começarão seu trabalho para criar utopia, e reformarão tudo a partir das bases: política, economia, educação, artes, literatura e negócios. Os estudos acadêmicos serão reestruturados, os valores mundanos modernos que tornam a religião incompatível com a política serão revertidos e a Verdade será restaurada e voltará a ocupar seu lugar de direito, como parte central de todos os outros valores.

Este mundo é criação de Deus, por isso aqueles que governam um país ou este mundo devem ser mensageiros de Deus e agir em seu nome; eles não devem governar o povo utilizando simplesmente sua habilidade política ou com base na popularidade. A menos que aqueles que compreendam a Verdade guiem e governem o povo, como será possível realizar um mundo ideal na Terra?

Então esse movimento irá entrar na sua terceira etapa. Nela, nossos livros serão traduzidos para muitas línguas e publicados pelo mundo inteiro, mas essa não será meramente a expansão de uma simples escola de pensamento religioso. Em vez disso, a revolução para criar a utopia na Terra se espalhará pelo mundo todo.

Quando o Buda Shakyamuni ensinou a Verdade na Índia, seus ensinamentos não ultrapassaram as fronteiras desse país, devido às limitações de sua época. Ele previu que seus ensinamentos um dia seriam difundidos na China e no Japão, mas essa expectativa não se realizou enquanto estava vivo.

Jesus Cristo enfrentou obstáculos semelhantes. Dois mil anos atrás, Jesus nasceu para salvar o mundo, mas também estava sujeito às limitações de seu tempo. Enquanto ele pregava principalmente na Palestina, havia muitos países e raças em sua era que tinham suas próprias culturas, visões e práticas políticas e crenças religiosas, e nem chegaram a ouvir ou considerar seus ensinamentos exóticos. Embora os ensinamentos de Jesus fossem poderosos, na época, a quantas pessoas eles atingiram? Quantos ouviram o famoso Sermão da Montanha? Não importa o quanto suas palavras fossem convincentes, talvez só alguns milhares tenham sido capazes de ouvi-las e vivenciá-las. Conforme tenho aprendido com as mensagens que tenho recebido, só uma parte desses ensinamentos foi transmitida nos Evangelhos.

Atualmente vivemos circunstâncias muito favoráveis. Todas as vezes que dou uma palestra, minhas palavras são gravadas e difundidas não só no Japão, mas no mundo todo. Elas também estão sendo preservadas para as pessoas do futuro.

## O Amor de Jesus

Dois mil anos atrás, Jesus Cristo começou sua grande obra, depois de ser batizado aos 30 anos por João Batista. Logo depois que começou, doze apóstolos se reuniram em torno dele para auxiliá-lo. Eles recordaram seus feitos e suas palavras, e divulgaram sua mensagem em diferentes lugares. Quando Jesus estava perto de completar 33 anos, um jovem que ainda não tinha 20 anos o acompanhava aonde quer que fosse, estudando com afinco seus ensinamentos e memorizando-os. O nome desse jovem era Marcos, e ele foi o autor do primeiro Evangelho.*

Grandes espíritos guias de luz desceram à Terra e ensinaram a Lei ao longo de diferentes eras, mas o problema mais difícil sempre tem sido como transmitir a Lei a todas as pessoas. Jesus revelou eloquentemente inúmeras verdades de muita importância durante seus três anos de atividade missionária, mas infelizmente menos de 1% do que ele disse foi registrado e permanece no Novo Testamento de hoje.

Embora vivesse na Terra, Jesus era guiado por muitos diferentes espíritos,† e Eu, a consciência El Cantare, era o seu principal espírito guia.‡ Eu conheço a disciplina que Jesus seguiu desde o nascimento até os 30 anos de idade, bem como os seus pensamentos e ensinamentos, desde o início até o momento de ser crucificado, três anos depois. Isso porque Eu, como consciência El Cantare, o estava guiando a partir do mundo celestial, naquela época. Agora, frequentemente eu me comunico com ele espiritualmente, como consciência de El Cantare, para sugerir maneiras de transmitir a Verdade, assim como fazia dois mil anos atrás.

Jesus fazia orações com frequência. Bem cedo pela manhã, enquanto as pessoas ainda estavam dormindo, ele ia ao Monte das Oliveiras, ficava de joelhos e rezava aos céus. Nessa época, eu, El Cantare, comunicava a ele maneiras de transmitir a Verdade e os diferentes estágios do amor. Outros espíritos também lhe enviaram mensagens, entre eles Elias e Miguel.

O budismo prega os estágios da iluminação e, embora os cristãos de hoje não estejam familiarizados com essa ideia, também ensina os estágios do amor.

---

\* De acordo com minha pesquisa espiritual, Marcos é uma personagem histórica que viveu na mesma época que Jesus e de fato é autor do Evangelho de Marcos. Meu pai, Saburo Yoshikawa, reencarnação de Marcos, ajudou a gravar, transcrever, editar e publicar as mensagens espirituais recebidas de espíritos elevados de 1981 a 1986. Ele mais tarde serviu como conselheiro honorário da Happy Science.

† Quando um profeta desce à Terra para iniciar um movimento religioso, ele é guiado por um grupo de espíritos elevados do céu. No entanto, eles tendem a usar um único nome ou um único canal de comunicação, de modo que as pessoas deste mundo não fiquem confusas por ter fé numa certa religião. De modo parecido, Jesus Cristo foi guiado por diferentes anjos e espíritos superiores celestiais quando estava na Terra.

‡ A consciência El Cantare é o ser supremo do grupo espiritual terreno. Para mais informações sobre a consciência El Cantare, consulte o livro *As Leis do Sol*.

O cristianismo e o budismo tomaram caminhos diferentes porque a disseminação dessa filosofia não foi ampla o suficiente. Jesus tentou seguir a orientação espiritual que eu lhe dava a partir do mundo celestial, "Existem estágios de amor, e os seres humanos precisam passar por esses estágios para se desenvolver e se tornar mais iluminados". Mas as pessoas que se reuniram em torno dele não eram espiritualmente maduras o suficiente para entender os estágios do amor. Nem os doze apóstolos eram exceção. Embora vivessem próximos a Jesus, tinham dificuldade para compreender os estágios do amor na jornada rumo à iluminação. Diferentemente dos escribas e dos sacerdotes, a maioria dos discípulos era composta de pescadores que não tinham estudado a Lei. A alfabetização e a educação eram muito limitadas naqueles tempos, e o mesmo acontecia com o número de escrituras que se podia ouvir na sinagoga.

Originalmente, Jesus tinha planejado guiar as pessoas passo a passo, mas dificuldades inesperadas bloquearam seu caminho, na forma de perseguição religiosa. Os escribas e sacerdotes, que consideravam os ensinamentos de Jesus como incorretos, acusaram-no de ser um falso profeta.

Os escribas eram especialistas no estudo das leis que Deus transmitiu a Moisés no Monte Sinai há mais de três mil anos atrás, e os sacerdotes eram peritos em rituais e leis de purificação. Eles seguiam todas as palavras das leis de Moisés ao pé da letra, concentrando-se em detalhes do que ele tinha dito, discutindo constantemente sobre qual seria a melhor interpretação. Não entendiam que Moisés também estivera sujeito às limitações da sua época, e insistiam em afirmar que os ensinamentos de Moisés não deveriam passar por nenhuma modificação. Por exemplo, Moisés disse, "Guarde o dia do sábado, santificando-o, como te ordenou o Senhor, teu Deus" (Deuteronômio 5:12), e por isso os escribas e sacerdotes seguiam rigorosamente essa regra de não trabalhar em hipótese alguma no sábado (sabá).

A verdade, no entanto, é que o sábado é uma expressão da compaixão de Deus. Deus ordenou que o ser humano trabalhasse seis dias por semana. Ele não disse simplesmente para descansar no sétimo dia, mas, em vez disso, pediu que as pessoas usassem o último dia da semana para devotá-Lo. Com isso quis dizer que, no dia a dia atribuído de trabalho, as pessoas não tinham tempo para se sentar em silêncio, face a face com Deus, por isso era importante reservar um dia da semana para acalmar o coração e o espírito. A palavra "feriado" em inglês (*holiday*) significava originalmente "dia santo" (*holy day*), ou seja, um dia reservado como sagrado.

Quando viram os ensinamentos de Jesus se alastrando como um fogo incontrolável pela Palestina, os líderes religiosos se sentiram ameaçados. Temiam que, se não agissem, a autoridade deles seria colocada em risco e Jesus poderia expulsá-los de suas posições. Assim como os Brâmines* perseguiram Shakyamuni na Índia quinhentos anos antes, eles acusaram e condenaram Jesus, e finalmente exigiram a sua vida.

As autoridades não perdiam uma oportunidade para armar ciladas para Jesus.

Eles levaram um homem enfermo até Jesus no sábado e observaram o que ele faria. Jesus, evidentemente, não deixou o doente esperando até o dia seguinte. Perguntou a ele, "Acreditas em mim?" Quando o homem respondeu, "Senhor, eu acredito". Jesus lhe disse, "Faça-se conforme a vossa fé". Com isso ele quis dizer, "Se acreditas que é filho de Deus, então levanta-te como se levantaria um filho de Deus". O doente se curou e se levantou da cama. Não foi Jesus quem o curou; o homem despertou para o seu estado original como filho perfeito de Deus, quando Jesus o lembrou da sua verdadeira natureza.

Ao testemunhar essa cena, os escribas acusaram Jesus, dizendo, "Violaste o mandamento de Deus de não trabalhar no sabá. Curaste uma pessoa doente". Jesus respondeu, "Achastes que Deus descansou ao menos um dia desde que dividiu este universo em céu e terra? Se Deus descansasse, ainda que por um dia, como poderia toda a criação continuar a viver? O sol já parou de irradiar seu calor e luz para nós, por um único dia que seja? Como o sol, Deus nunca parou de trabalhar desde o dia da criação. Então por que Eu, como filho de Deus, estaria proibido de curar uma pessoa doente no sabá? Se uma ovelha cair numa vala no sabá, o pastor esperará até o dia seguinte para resgatá-la?

---

* Os brâmines são a classe sacerdotal da Índia, a mais elevada das quatro castas principais desse país.

Ele certamente ajudará a ovelha imediatamente. Não deverá importar se é sabá quando podemos salvar a vida eterna de um ser humano, um filho de Deus, o ser mais próximo a Deus. Vós estais equivocados em vossas crenças".*

Jesus falou a Verdade, mas a severidade das suas palavras desafiadoras provocou muitos inimigos, que temiam mudanças mesmo que para melhor. Portanto, eu, como consciência El Cantare, disse a Jesus, "Tenha paciência e ensine a Verdade gradativamente. As pessoas não podem atingir a iluminação instantaneamente, por isso não seja apressado. Você precisa começar a educar as pessoas em etapas; do contrário a sua vida não durará mais de três anos". Mas Jesus respondeu, "Eu não me arrependerei de perder minha vida, pois não posso descansar nem um dia, nem um instante. Enquanto os filhos de Deus sofrem tanto, como posso eu descansar e não fazer algo para tirá-las desse sofrimento? Nenhum médico deixaria o paciente sangrando com um espinho cravado na carne, e nenhum professor se negaria a auxiliar um aluno que está indo mal".

Jesus optou por salvar a vida de muitos, em vez de salvar só a dele. Seu plano original era ensinar os diferentes níveis de amor e levar as pessoas à iluminação, mas, quando os inimigos apareceram, manter boas relações com seus perseguidores tornou-se sua principal preocupação. Sua vida diária era uma dura provação, pois ele estava constantemente exposto ao perigo.

Você se lembra das palavras dele na Bíblia: "As raposas têm tocas e os pássaros do céu têm ninhos; mas o Filho do Homem não tem onde repousar a cabeça" (Mateus 8:20). Dia após dia Jesus procurava refúgio, de casa em casa, onde as pessoas o escondiam. Ele não podia se arriscar abertamente a construir uma base sólida para seus ensinamentos sobre o amor, como tinha sido planejado originalmente.

Como os discípulos estavam prontos para lutar contra os seus inimigos, Jesus não teve escolha senão ensiná-los, sobretudo, sobre o amor que nega o mal. Ele disse, "Amai vossos inimigos e orai por aque-

---
* Esta pregação de Jesus está descrita na Bíblia da seguinte maneira: "Ele lhes disse: 'se alguém possui uma ovelha só e ela cai num poço num dia de sábado, não vai apanhá-la, tirando-a de lá? Ora, um ser humano vale muito mais que uma ovelha! Portanto, em dia de sábado é permitido fazer o bem." (Mateus 12:11-12).

les que vos perseguem. Se amai somente aqueles que vos amam, que recompensa tereis? Até mesmo os pagãos fazem isso. Aqueles que têm estudado meus ensinamentos devem rezar pelas pessoas que tentam persegui-las e matá-las, em vez de por aquelas que os apoiam". Portanto, o perdão tornou-se a parte central dos seus ensinamentos.

Jesus ensinou sobre o amor dividindo-o em dois tipos diferentes: "Ama o teu próximo como a ti mesmo" e "Ama o Senhor, teu Deus". Ensinou que amar o próximo é importante, dizendo, "Amar tua família não é difícil. Olha os animais; eles tratam com carinho suas crias. Se os animais podem fazer isso, por que isso é um esforço para ti? É importante que ames o teu pai e a tua mãe, o teu filho e a tua filha, mas como seres humanos, só é natural amar a tua própria família". Jesus ensinava que devemos amar todos os que tivermos chance de encontrar na vida, nossos "semelhantes". Ele também ensinou um amor mais elevado, o amor a Deus. Disse, "Amarás o Senhor, teu Deus, com todo o teu coração, com toda a tua alma e de todo o teu entendimento" (Mateus 22:37). Jesus ensinou as pessoas a amarem os outros e a Deus, mas, antes que pudesse ensinar o estágio seguinte, sua vida lhe foi ceifada.

É por isso que o mundo celestial enviou São Bernardo para a Europa no século XI.* Ele era, na realidade, reencarnação de Nagarjuna, da Índia, que difundiu os ensinamentos do budismo maaiana.† São Bernardo explicava os diferentes estágios do amor, ensinando que o amor supremo serve aos outros em nome de Deus, mas seus ensinamentos estavam incompletos. Nem mesmo um grande santo como ele conseguiu explicar os estágios do amor de maneira lógica como o budismo explica a iluminação.

Os ensinamentos de Jesus Cristo sobre o amor e os ensinamentos do Buda Shakyamuni sobre a iluminação são, ambos, originários da mesma fonte, por isso não existe nenhuma contradição básica entre eles. No entanto, aqueles que ensinam sobre o "poder interior" das pessoas enfatizam os estágios da iluminação, enquanto aqueles que dão predominância a um "poder externo" enfocam a ideia de

---
* São Bernardo de Claraval (1090-1153) foi um teólogo francês e místico cristão. É autor de *Tratado do Amor de Deus*.
† Nagarjuna, que nasceu no século II EC, seria o fundador da escola Madhyamika do Budismo Maaiana. (Consulte capítulo 3 de *As Leis Douradas*.)

amar a todos igualmente, como extensões uns dos outros e desse poder superior.

O budismo, portanto, enfatiza os vários estágios da iluminação, enquanto o cristianismo enfatiza o ato de amar igualmente a todos. Por causa da diferença no enfoque e direção, a maioria dos budistas e cristãos acha difícil um entendimento mútuo, acreditando que têm pouco em comum. Shakyamuni ensinou, "Todas as coisas do universo, inclusive terras e rios, mares e céus expressam a natureza búdica [isto é, a natureza divina]. Tudo é natureza búdica". Jesus deu ênfase a isso em termos de amar a todos igualmente, mas não incluiu os diferentes estágios do amor. Shakyamuni ensinou as duas ideias: que somos todos iguais e que existem diferentes estágios de iluminação.

## Os Estágios de Desenvolvimento do Amor e da Iluminação no Cristianismo e no Budismo

### O Amor Instintivo

Assim como existem os estágios de iluminação dos Oito Corretos Caminhos, também existem os estágios do amor. O estágio do amor mais básico é o amor instintivo ou amor espontâneo: o amor familiar – o amor pelos pais, pelos irmãos, pelo cônjuge, pelos filhos e pelos outros familiares; e o amor sexual. O amor instintivo ocupa de 80 a 90% da atenção das pessoas.

Quase todo mundo acha que o amor é algo que recebemos dos outros, mas a vontade de ser amado não é o verdadeiro amor, mas apenas um forte desejo. O budismo vê esse tipo de amor como um apego que, geralmente, atrai sofrimento. Jesus reconhecia a existência do amor instintivo, mas focava no amor que é de um nível mais elevado – o amor pelo próximo.

O amor instintivo provém do mundo espiritual da quarta dimensão. Se esse amor seguir na direção errada, ele se transforma em apego, que cria um inferno na quarta dimensão. Aqueles que cometeram erros no amor sexual, vão para o Inferno do Desejo Sexual após a morte, e ali aprendem as lições sobre os aspectos negativos do amor instintivo. Por outro lado, aqueles que viveram somente no estado do amor instintivo, mas foram capazes de obter paz no coração, vão para o Reino Astral da quarta dimensão, que é uma parte do céu. Portanto, o amor instintivo pertence à quarta dimensão, à qual todos podem alcançar facilmente depois da morte. Como todas as pessoas podem no mínimo retornar para essa dimensão, voltar para esse reino não deve ser o objetivo final da nossa vida na Terra. O mundo pelo qual aspiramos é o mundo da iluminação, que está num nível mais elevado.

### *O Amor Fundamental ou Amor que se Dá*

O nível seguinte de amor é o Amor fundamental ou Amor que se dá. É mais elevado do que o amor instintivo, que deseja receber dos outros ou ser amado pelos outros; o Amor fundamental pertence à quinta dimensão.

A quinta dimensão é chamada de Reino do Bem ou Reino dos Bondosos, e seus habitantes compreendem que a essência do amor não é recebê-lo daqueles que os amam, mas dar amor aos outros e ser bondosos com eles. Isso significa amar não somente os familiares, mas também as pessoas que encontramos ao longo da vida – no local de trabalho, na escola, ou em qualquer outro lugar da sociedade. As pessoas que compreendem isso retornam para a quinta dimensão.

Você provavelmente já pensou no amor em muitas ocasiões da sua vida. No seu entendimento, o amor é só um desejo de receber amor das outras pessoas ou é o amor que se dá? A sua resposta indica em que estágio do amor você se encontra.

### *O Amor que Nutre Espiritualmente*

Num nível acima do amor fundamental há o amor que nutre espiritualmente. Esse amor existe no Reino da Luz da sexta dimensão. Esse é um amor que guia as pessoas; é o amor de um líder ou de um professor, que revela a natureza divina ou búdica que existe no interior das pessoas e melhora seu desenvolvimento espiritual. Para praticar o amor que nutre espiritualmente e liderar os outros, você tem de ser independente e não precisar apoiar-se nas outras pessoas. Um líder deve aperfeiçoar o seu caráter, e ser uma pessoa excepcional. Como

Jesus disse, "Se um cego conduz outro cego, ambos cairão na mesma vala" (Mateus 15:14).

O amor que nutre espiritualmente é o amor daqueles que estudaram e trabalharam diligentemente para se tornarem capazes de guiar outras pessoas, como empresários, professores, artistas, escritores, médicos, juízes, advogados e políticos.

Hoje em dia, lamentavelmente, esses tipos de pessoa parecem preocupados apenas com sua própria reputação e posição social. Quantos empresários estão praticando o amor que nutre espiritualmente? Um alto executivo deveria ser uma luz que guia, alguém capaz de liderar os funcionários. Um líder deve ser alguém com muita habilidade, capaz de guiar aqueles que o seguem. A capacidade de ganhar dinheiro não é suficiente.

O amor que nutre espiritualmente é mais difícil de praticar. Os líderes com verdadeira capacidade, que estão guiando outras pessoas e praticando o amor que se dá, retornarão à sexta dimensão do mundo celestial, o Reino da Luz.

### O Amor que Perdoa

Há mundos ainda mais elevados. O mundo seguinte é o Reino dos Bodisatvas na sétima dimensão. Bodisatvas são aqueles que atingiram um certo nível de iluminação por esforço próprio, elevando-se para além da sexta dimensão. Eles removeram as impurezas que encobrem o coração, atingiram o estado de Arhat* e irradiam luz. Com espírito resoluto, eles deram os primeiros corajosos passos rumo a uma vida de abnegação, uma vida dedicada aos outros. Não são apenas superiores em relação às questões terrenas, mas também atingiram o estágio espiritual seguinte.

Quando vivemos sem nenhuma experiência espiritual, recebendo apenas uma educação não religiosa e tendo somente pensamentos e hábitos mundanos, é difícil viver para os outros e manifestar um amor tão imenso quanto um oceano. Somente através do despertar espiritual ou do encontro com um grande mestre é que podemos atingir um estado

---

* Arhat, também chamado de Arakhan, é um termo que designa os praticantes de disciplina espirituais que atingiram a iluminação e o estado de nirvana.

espiritual religioso e cultivar a generosidade. Aqueles que assim conseguiram estabelecer o eu verdadeiro podem ser realmente bondosos com as outras pessoas que ainda não atingiram o mesmo nível. Só quando atingir esse estágio você poderá perdoar as pessoas verdadeiramente.

A prática do amor que se dá pode não parecer tão difícil. Se aqueles que possuem uma posição social elevada – professores, médicos e empresários, por exemplo – trabalharem com dedicação, não demorarão muito para pôr em prática o amor que nutre espiritualmente. No entanto, eles podem achar isso desafiador e ter dificuldade para perdoar as pessoas que obstruem o seu caminho, como Jesus ensinou. É fácil para os superiores amar e orientar os subordinados que aceitam suas ideias, mas podem se ressentir daqueles que discordam delas e querer puni-los ou rebaixá-los.

Um bom teste para avaliar se você está apto a saltar do amor que nutre espiritualmente para o amor que perdoa é observar a maneira como trata seus oponentes. Enquanto vê-los como seus inimigos, não conseguirá perdoá-los. Enquanto julgar que uma pessoa é tão poderosa ou mais forte do que você, não conseguirá perdoá-la. Quando você perdoa alguém que está num nível espiritual superior ao seu, faz isso apenas para se consolar; não se trata do amor que perdoa. Mas, quando você cultivar um coração grande o suficiente para envolver a todos e passar para um nível espiritual mais elevado, que é preenchido de luz, você será capaz de ver com bondade e compaixão aqueles que sofrem neste mundo, assim como Deus os vê. Esse é o estado espiritual do Bodisatva.

No estágio do amor que perdoa, uma pessoa perdoa outra a partir de uma posição de superioridade. Por exemplo, um líder religioso que é recebido pelos outros com dúvida ou hostilidade pode perdoá-los, pensando que simplesmente não sabem a Verdade. Nesse momento, o líder se sente superior.

Para praticar o amor que perdoa é necessário que a pessoa seja mais avançada espiritualmente do que as outras, mas esse requisito também é uma limitação. A pessoa pode pensar, "Os outros me criticam porque ainda não despertaram para a Verdade. Como estou consciente da Verdade, eu as perdoo". Essa maneira generosa de pensar envolve os outros, mas mantém um senso de superioridade, por isso ainda existe um estágio a mais para se alcançar, que é ainda mais elevado do que o amor que perdoa ensinado por Jesus. Trata-se do amor do Tathagata, o amor que corresponde à oitava dimensão.

## *O Amor Encarnado*

O Amor de Tathagata, ou o Amor Encarnado, expressa a luz de Deus; não se trata mais do amor de um para com o outro, mas do amor por todas as pessoas. A pessoa que atinge o estágio do Tathagata irradia um amor ilimitado em todas as direções, e a própria existência dessa pessoa é amor. Esse é o amor personificado pelas grandes personagens cujos nomes perduram ao longo da história. Pessoas como o grande filósofo grego Sócrates, que tem influenciado 2.400 anos de história. Em anos mais recentes, outras grandes figuras trouxeram luz para o mundo: o grande humanitarista Albert Shweitzer (1875-1965) e Thomas Edison (1847-1931), que contribuíram para o avanço da ciência e da tecnologia. A própria existência dessas grandes personalidades é a expressão de amor por toda a humanidade.

O objetivo do seu treinamento espiritual na Terra é progredir, passando pelos primeiros estágios do amor – o amor fundamental, o amor que nutre espiritualmente e o amor que perdoa – até chegar ao amor encarnado, no qual sua própria existência representa uma bênção para toda a humanidade. Com esse amor, você não vive meramente como um ser humano, mas como um representante de Deus, uma manifestação da luz. Esforce-se para manifestar em si esse amor e dar início a uma nova era.

Ainda mais elevado que esses é o Amor do Messias, da nona dimensão, mas esse amor está além do alcance das pessoas na Terra.

Muitos líderes religiosos tentam pregar esse nível de amor, mas, antes de ensinar sobre o amor do messias, eles mesmos precisam evoluir através dos estágios do amor instintivo, do amor fundamental, do amor que nutre espiritualmente, do amor que perdoa e do amor encarnado. Sem ter completado cada um desses estágios, será impossível para eles envolver e promover o amor do messias.

Continue a estudar a Verdade utilizando os Quatro Estágios do Amor como diretrizes para o seu desenvolvimento espiritual.

TRÊS

# O Princípio do Coração

### Ensinamentos para o Coração

No primeiro capítulo, apresentei os Quatro Corretos Caminhos, ou os princípios da felicidade, que são o amor, o conhecimento, a reflexão e o desenvolvimento. O capítulo 2 foi sobre princípio do amor, o primeiro princípio da felicidade.

Este capítulo deveria ser sobre o segundo princípio, o do conhecimento. No entanto, optei pelo "princípio do coração" como o meu próximo tópico, porque, a menos que você entenda o seu próprio mundo interior, o seu coração, nenhum conhecimento terá sentido. O princípio do conhecimento é imensamente vasto, mas, se você ficar absorvido na amplitude da Lei, simplesmente acumulando conhecimento sem entendimento, não poderá fazer nenhum progresso espiritual.

Antes de discutir o princípio do coração, eu gostaria de fazer uma referência ao livro *As Leis Douradas*, que revela a história dos anjos de luz e esclarece os antecedentes históricos dos meus ensinamentos.

Não é minha intenção criar mais uma seita religiosa, entre as numerosas já existentes. Como deixo claro em *As Leis Douradas*, nossa missão é examinar civilizações e culturas passadas que prosperaram de muitas maneiras e liderar o caminho para o futuro da humanidade no século XXI e além dele.

Nosso lema na Happy Science é "Primeiro o alicerce e depois as colunas, de dentro para fora". Eu enfatizo a importância de se criar fundações sólidas antes de se construir pilares, pois o castelo construído sobre a areia logo desmorona, não importa o quanto pareça imponente. Isso se aplica aos indivíduos, assim como às empresas e aos ensinamentos. Sem uma base sólida, é impossível criar algo de valor.

É importante conhecer a grandiosa balança da Lei, mas primeiro precisamos olhar interiormente. A menos que primeiro estabeleçamos a força interior e compreendamos o nosso coração, nunca seremos capazes de fazer progressos somente por meio do conhecimento, não importa o quanto tenhamos aprendido sobre a pré-história, a história humana ou as grandes figuras do passado.

Na Happy Science, consideramos fundamental a busca pelo Correto Coração, a mais importante filosofia na busca dos quatro princípios: o amor, o conhecimento, a reflexão e o desenvolvimento. Compreender o Correto Coração é o primeiro passo para a iluminação de cada um de nós. A Verdade é igual ao que era na época do Buda Shakyamuni. A iluminação dos indivíduos vem primeiro, depois vem a iluminação do todo. Só depois que as pessoas purificaram o coração e superaram suas limitações, elas são capazes de voltar sua atenção para fora: delas mesmas para os outros, dos outros para o mundo visível, e do mundo visível para o mundo invisível.

No terceiro capítulo de *As Leis Douradas*, "Montanhas e Rios Eternos", explico resumidamente os ensinamentos do Buda Shakyamuni, que enfoca a ideia de que melhorando a nós mesmos estaremos beneficiando as outras pessoas. Não é possível existir a felicidade universal independente da felicidade de cada indivíduo. Portanto, cada um de nós deve primeiro olhar dentro de si e assumir a responsabilidade pela própria felicidade ou infelicidade, o resultado de nossos pensamentos e ações. Sem essa responsabilidade e conhecimento, como podemos fazer os outros felizes? Não devemos nos preocupar tanto com os problemas dos outros sem antes termos resolvido os nossos.

O seu primeiro objetivo deve ser estudar para adquirir profundo conhecimento dos ensinamentos espirituais sobre a purificação do coração e da alma. Setenta a 80% do tempo dedicado à sua disciplina espiritual deve ser em busca desse objetivo. Sem fazer esse esforço, não importa quanto conhecimento mundano você adquira, nunca será capaz de atingir a iluminação. Somente através da busca interior, atingindo a sua própria iluminação e ampliando a sua perspectiva, você será capaz de desenvolver sua grandeza e nobreza de caráter. Sempre se lembre desses passos para que possa progredir.

## A Verdadeira Natureza do Coração e sua Estrutura

O pré-requisito para se tornar membro do nosso movimento é a disposição para buscar o Correto Coração todos os dias. O que a palavra "correto" significa nesse contexto? Significa simplesmente "que não está errado"? Ou será que ela tem um significado mais profundo? Na Happy Science, ela significa a retidão que os seres humanos possuíam originalmente. Nosso objetivo ao buscar o Correto Coração é restaurar o estado original do nosso coração, o estado em que ele nos foi concedido por Deus.

Embora o tempo exato da criação de cada alma varie, as almas humanas foram criadas há muitos bilhões de anos, quando, nos confins da galáxia, a grande luz de Deus se fragmentou em pequenos fótons. Esse foi o começo da criação da humanidade. Cada uma dessas partículas de luz estava dotada de individualidade, que se dispersou e, ao longo do tempo, começou a desenvolver sua própria consciência e experienciar uma vida sem igual. Precisamos nos lembrar das nossas origens e da natureza com que fomos abençoados na época da nossa criação.

Nas minhas publicações sobre a Verdade, descrevo os vários reinos que existem no céu. O nosso objetivo final é não simplesmente criar um mundo parecido na Terra, mas concretizar um mundo ainda mais perfeito que o paraíso, um mundo que existiu no início dos tempos, quando nós desfrutávamos de uma total liberdade de espírito. Agora é um momento decisivo na nossa busca pela recuperação dessa liberdade e da verdadeira natureza de espírito que um dia tivemos.

Qual é a natureza essencial do espírito? Qual era o estado e forma original do nosso coração? Como podemos restaurar esse estado original?

O espírito se origina de Deus e possui essencialmente as mesmas qualidades de Deus. Deus é, na sua essência, a própria Luz. Essa luz não é como a luz de uma lâmpada; ela possui atributos como amor, compaixão, sabedoria e prosperidade, que brilham como as facetas de um diamante. A maioria dos líderes espirituais não consegue explicar todas essas facetas brilhantes, mas opta por enfocar apenas uma delas. No entanto, a compreensão da verdadeira natureza de todo o diamante é o verdadeiro objetivo da disciplina espiritual.

Essa não é uma busca por algo que exista fora de você. Você pode pensar que o outro mundo, da quarta dimensão em diante, é um mundo invisível, que existe em algum lugar lá no alto do céu. Talvez imagine que, depois de abandonar o corpo físico, você volte para o mundo das almas, que existe muito além deste mundo. Mas a verdade é que todos os reinos do outro mundo existem dentro do seu coração espiritual. O que as pessoas chamam de mente na verdade tem uma forma arredondada como um balão, e está flutuando na parte central do peito, próximo ao coração carnal. É o coração da alma.

Embora essa seja somente a aparência externa e não represente a verdadeira natureza do coração, se os seus olhos espirituais estiverem abertos, você verá que o seu coração se parece com um balão que está constantemente girando e mudando de forma. Se o seu coração está em harmonia, ele parece belamente arredondado, como a lua cheia ou uma bola.

Por outro lado, se o seu coração estiver fora de equilíbrio, a bola parecerá um pouco distorcida. Em algumas pessoas, a região das emoções cresce muito desproporcionalmente, enquanto, em outros, a área da intelectualidade adquire um tamanho descomunal. Por exemplo, se a pessoa somente estudou a Verdade de maneira acadêmica, a região do coração que governa o intelecto fica aumentada de tamanho. Eu posso ver as diferentes formas dos corações das pessoas.

Também existe uma região que governa a razão. No coração das pessoas que sempre veem as coisas de maneira desapaixonada, essa região é desproporcionalmente grande, e essas pessoas raramente vivenciam emoções profundas.

No topo do coração espiritual, que possui o formato arredondado, encontra-se a região que governa o pensamento. É ali que criamos uma ampla variedade de pensamentos, e essa é a parte que mais provoca o sofrimento em cada ser humano.

Segundo a medicina, a mente se encontra no córtex cerebral do cérebro, mas isso não é verdade. A mente não se encontra dentro dessa massa cerebral toda enrugada que chamamos de cérebro. Você não pensa com o seu cérebro. O cérebro é simplesmente um centro de controle de informações, um centro computacional de processamento de dados. Quando ele é danificado e não pode funcionar do modo apropriado, a pessoa perde o controle dos movimentos, da fala e do julgamento. O dano provocado no computador não tem nada a ver com o seu usuário, e só afeta a entidade separada que opera o computador e o alimenta com dados. Quase todas as pessoas podem sentir e confirmar que tanto a tristeza quanto a alegria irradiam do peito, não da cabeça. Portanto, julgamos razoável dizer que a mente está localizada em algum lugar próximo ao coração, e não da cabeça.

## Mente, Coração, Alma e Espírito

As palavras *mente, coração, alma e espírito* são muitas vezes utilizadas indiscriminadamente. As pessoas só têm um conhecimento superficial dessas palavras e não têm uma ideia concreta de sua natureza. Às vezes, todas elas representam a mesma coisa; outras vezes, referem-se a coisas diferentes. Por exemplo, quando uma pesquisa de jornal faz a pergunta, "Você acredita em seres espirituais?", em torno de 20% das pessoas respondem que acreditam, e em torno de 50% respondem que os seres espirituais provavelmente existem, mas elas não têm certeza. Por outro lado, quando perguntam, "Você acha que a mente existe?", 99% respondem que sim e a maioria também concorda que os seres humanos possuem uma função mental.

O que é conhecido como mente, na verdade é a parte central da alma, o "coração" do corpo espiritual. O espírito, a alma, o coração e a mente não podem ser considerados formas físicas; eles são entidades espirituais. Para quem tem visão espiritual, a mente, isto é, o coração do espírito, se parece com uma bola de mais ou menos trinta centímetros de diâmetro, e está localizada no centro da alma, que tem exatamente o formato do corpo físico.

Então o que diferencia a alma do espírito? A alma possui o formato de um corpo humano característico e sua própria individualidade, enquanto o espírito é mais livre no que diz respeito à forma.

Os espíritos humanos e os espíritos dos animais também são até certo ponto diferentes. Os espíritos dos animais não são individualizados com os dos seres humanos. O nível de individualidade deles depende do grau da consciência de cada animal. Quando um cachorro, por exemplo, perde a vida na Terra e vai para o outro mundo, se ao longo das encarnações ele estava muito consciente da sua individualidade, continuará a viver como um espírito canino separado. Se estiver inconsciente da sua individualidade, porém, ele se tornará parte de um grupo de dezenas de espíritos caninos. No mundo espiritual, os espíritos animais de uma consciência similar formam uma consciência coletiva, sem nenhuma individualidade e, quando chega a hora de reencarnar, uma parte do grupo se separa para nascer na Terra.

As plantas também têm espíritos. Para aqueles que têm visão espiritual, os espíritos das plantas se parecem como pequeninos seres humanos, semelhantes a duendes ou fadas, que enxergam e falam. Mas não são muitas as plantas individualizadas, por isso, quando deixam a Terra e voltam para o mundo espiritual, normalmente elas vivem em grupos. As árvores grandes e antigas, por outro lado, que já viveram centenas de anos, assistindo a séculos da história humana, desenvolvem uma consciência semelhante à dos seres humanos; por isso, quando voltam ao céu, cada uma delas continua a viver como uma consciência arbórea individual.

## A Evolução da Consciência Espiritual

### A Quarta Dimensão (o Reino Póstumo)

No caso dos seres humanos, as coisas são mais complicadas. A alma humana é uma entidade com a extensão de uma vida e tem como morada o corpo humano. Depois de deixar este mundo, a maioria das almas continua a manter o corpo físico. Algumas, no entanto, aos poucos começam a perceber que a alma não precisa desse corpo para existir. Os habitantes do Reino Póstumo da quarta dimensão, mesmo depois de retornado ao outro mundo, levam vidas semelhantes às das pessoas na Terra. Eles ainda se veem com um corpo físico, o que limita o seu nível de consciência. Sentem-se desconfortáveis se não tiverem braços nem pernas ou se não ficarem de pé no chão. Algumas até fazem três refeições por dia e têm sono à noite.

### A Quinta Dimensão (o Reino do Bem)

Quando vamos para os reinos mais elevados – a quinta, a sexta, a sétima e a oitava dimensão –, a situação muda. A quinta dimensão, ou o Reino do Bem, é o mundo para onde retornam as pessoas de boa índole e que estão em harmonia. Até mesmo nesse reino, os habitantes continuam sua disciplina espiritual na forma humana durante aproximadamente 90% do tempo. Mas, por meio de algumas experiências misteriosas ocasionais, elas começam a perceber que não são mais como acreditavam ser; não têm mais necessidade de andar no chão e não morrem nem mesmo se saltarem de um precipício. Começam a perceber que têm a capacidade de transitar livremente por qualquer lugar que queiram.

Na quarta dimensão, as almas sob a orientação de vários espíritos podem aparecer onde quiserem ou encontrar com quem desejarem, mas essas experiências só acontecem por acaso. Na quinta dimensão, as almas são capazes de fazer isso mais ou menos de acordo com sua vontade. Elas começam a perceber, com suas experiências, que podem existir sem uma forma humana, e tomam consciência de que são de fato seres espirituais. Elas ainda se preocupam com seu corpo físico, porém, e não se sentem confortáveis, por exemplo, se percebem que não têm a mesma altura que tinham na Terra.

### A Sexta Dimensão (O Reino da Luz)

Acima do Reino do Bem está o Reino da Luz da sexta dimensão. Existem diferentes níveis de consciência nesse reino, mas para viver ali precisamos acreditar que o mundo em que vivemos é criação de Deus e governado pela Verdade que se originou dele. Na sexta dimensão, muitos se empenham para purificar sua alma por meio do estudo da Verdade. À medida que dão continuidade aos seus estudos, eles aos poucos vão se libertando dos sentidos físicos que tinham na Terra. Com base no seu conhecimento da Verdade, começam a testar o que aprenderam.

Aqueles que atingiram esse estágio tomam consciência de que seu poder não é tão limitado quanto o poder das pessoas da Terra. Eles estudam a respeito dos diferentes ângulos da vontade e os anjos de luz que assumem o papel de professores os instruem sobre a natureza e o poder da vontade.

Os habitantes da sexta dimensão primeiro aprendem por experiência. Aprenderam que podem criar qualquer coisa com a própria vontade e de fato colocam isso em prática. Materializam uma imagem mentalizando-a por certo tempo; por exemplo, fazem um copo aparecer sobre uma escrivaninha.

Os habitantes da quarta e da quinta dimensões passam por experiências parecidas, mas não percebem plenamente que são capazes de criar coisas. Os espíritos da sexta dimensão, por outro lado, têm plena consciência da sua capacidade criativa.

Depois que conseguem com facilidade manifestar um copo, eles podem tentar criar uma taça decorada ou modelada. Quando são bem-sucedidos nessa tarefa, começam a se perguntar se não podem fazer surgir água dentro do copo, e assim a água aparece. Quando o copo está cheio de água, eles a bebem e descobrem que ela tem o mesmo gosto da água que costumavam beber na Terra. Dessa maneira vão se tornando confiantes de que podem produzir um copo d'água através do poder da sua própria vontade.

Durante décadas ou centenas de anos, eles continuam com esse tipo de prática. Depois de um tempo, entediam-se com a produção de copos d'água e começam a pensar em fazer outras coisas. Os espíritos que se interessam por roupas ficam curiosos em saber se seriam capazes de criar roupas de uma estampa em particular. Imaginam, por exemplo, uma camisa com bolinhas e tentam criá-la. A princípio podem falhar e em vez disso criam uma camisa de listras. Então decidem praticar um pouco mais, criando uma camisa toda branca. Depois que já dominam essa técnica, tentam criar calças com o seu design favorito. Se bem-sucedidos, eles voltam para a camisa de bolinhas, desta vez com a intenção de fazer vinte bolinhas. Talvez só apareçam dezessete e eles se perguntam o que aconteceu com as outras três.

À medida que continuam a praticar, aprendem que podem criar suas coisas pessoais através do poder da vontade. Então acham que podem produzir coisas que não sejam roupas: um relógio, por exemplo. Começam a elaborar um sofisticado relógio. Aqueles que já estão mais adiantados nesse treinamento conseguem criar um excelente relógio imediatamente, enquanto os iniciantes têm mais dificuldade.

Nesse estágio, os espíritos começam a pensar: "Até agora não me sinto confortável se a minha forma no espelho não for igual à que era na Terra. Mas talvez eu possa mudar minha aparência e assumir outra forma". Um espírito que se sentia bem com uma altura mediana começa a se perguntar se não poderia crescer alguns centímetros e passar a ter em torno de dois metros de altura. Seu corpo se alonga cada vez mais até atingir essa altura e passa a ter esse tamanho. Na primeira experiência normalmente acaba se sentindo desconfortável com sua nova forma e retorna à forma original, com o qual está mais acostumado. Mas, à medida que o tempo passa, ele se acostuma com essa nova experiência e começa a desejar se parecer mais alto. Pode até tentar deixar os braços mais longos, e então observá-los crescer como o esperado. Por meio dessas experiências, os espíritos da sexta dimensão passam a perceber que o corpo físico não é sua natureza verdadeira e definitiva.

Os espíritos da sexta dimensão são classificados na categoria de "espíritos elevados". Ao longo dos seus estudos lhes é ensinado que não devem se concentrar apenas nos seus próprios estudos, mas também orientar as pessoas na Terra. A sexta dimensão é um lugar maravilhoso, mas os espíritos são incentivados a seguir adiante. Os espíritos das dimensões superiores lhes dizem, "Vocês devem almejar prosseguir até o Reino dos Bodisatvas da sétima dimensão, para aprender a ajudar os outros". Os espíritos da sexta dimensão começam a pensar, "Agora que eu me acostumei com a vida aqui, gostaria de aprender a ajudar as pessoas", e então são designados para desempenhar o papel de espíritos guardiões e espíritos guias das pessoas da Terra.

O espírito guardião é uma parte da própria alma da pessoa, e o espírito guia é um espírito que tem uma especialidade num determinado campo e orienta as pessoas na Terra quando necessário. Se uma pessoa da Terra, cuja origem é da quarta ou da quinta dimensão, receber orientação de um espírito guia da sexta, ela será capaz de ver, enxergar e julgar as coisas de uma perspectiva mais elevada.

Por meio da inspiração, os espíritos da sexta dimensão podem dar a um estudante uma ideia para o tema da sua tese; a um poeta, novas ideias ou as palavras mais adequadas para sua poesia; e ao artista, imagens únicas para novas pinturas. Obras de arte maravilhosas são, em grande parte, resultado desse tipo de inspiração, e são quase sempre os espíritos da sexta dimensão que se encarregam de dar orientação vocacional e profissional. Depois que atingem certo nível de desenvolvimento espiritual no outro mundo, começam a orientar as pessoas na Terra.

Algumas pessoas da Terra têm a capacidade de ver fenômenos espirituais e testemunhar as formas dos espíritos guardiões. Como os espíritos guias sabem que sua verdadeira natureza não é física, quando guiam pessoas na Terra eles preferem assumir a forma divina em vez de aparecer vestidos de terno e gravata. Por exemplo, quando aparecem diante de líderes religiosos, eles tomam a forma de seres angelicais.

Como eu ensinei em *As Leis do Sol*, do lado oposto do principal reino da sexta dimensão está o reino conhecido como Mundo Celestial Menor (ou Mundo do Verso), o reino habitado pelos Tengu (espíritos de nariz comprido que vivem nas montanhas e possuem poderes espirituais) e pelos Sennin (magos ermitãos). Em algumas áreas desses reinos, os habitantes se concentram em aperfeiçoar seus poderes sobrenaturais e transformar a si mesmos de acordo com sua vontade. Quando se tornam capazes de se transformar em algo diferente de seres humanos, eles gradualmente tornam-se conscientes da sua verdadeira natureza e começam a entender que são seres espirituais.

### *A Sétima Dimensão (o Reino dos Bodisatvas)*

Depois de passar pela quinta e pela sexta dimensão, e ter alcançado o Reino dos Bodisatvas na sétima dimensão, os espíritos têm outras experiências que os convencem de que sua verdadeira natureza não é corpórea. Os Bodisatvas se dedicam a praticar atos de amor e a salvar muitas pessoas, por isso vivem muito ocupados, cumprindo uma variedade de deveres. Aos poucos começam a sentir que possuir uma forma humana é muito inconveniente. Enquanto estão se dedicando aos seus estudos, não têm problemas em assumir a forma humana; quando isso não é necessário, preferem trabalhar numa forma mais fácil. Nessas ocasiões, eles abandonam a forma humana e transformam-se numa consciência.

Alguns Bodisatvas pertencem ao grupo dos espíritos médicos e se incumbem de curar doenças. Quando estão ocupados curando as pessoas, eles às vezes se transformam em energia de pura vontade, uma consciência que deseja ajudar aqueles que trabalham na área médica. Como trabalham desde a manhã até a noite, esquecem-se de que são espíritos humanos e se deixam absorver totalmente na prática de atos de amor. Quando de repente se tornam conscientes de si mesmos, o que significa que se lembram do fato de que são espíritos humanos e estão acostumados a assumir a forma humana, aqueles que são Bodisatvas começam a ter esse tipo de experiência de maneira intermitente. É dessa maneira que eles se reconhecem como seres espirituais.

### *A Oitava Dimensão (o Reino dos Tathagatas)*

Quando os Bodisatvas atingem o Reino dos Tathagatas na oitava dimensão, eles alcançam um nível ainda mais elevado de consciência. Compreendemos a alma e o espírito por meio da percepção física apenas, mas os Tathagatas compreendem que o ser humano não é o corpo carnal.

Na sétima dimensão, os Bodisatvas ainda têm forma humana e levam vidas individuais, mas as coisas são diferentes para os espíritos dos Tathagatas. Eles se reconhecem como a personificação da Lei e, em vez de existirem como indivíduos, são a própria consciência Tathagata.

O que é consciência Tathagata? Existem sete cores no espectro da luz divina, que está orientando as pessoas de diversas formas. Entre elas está o raio de luz do amor, que é de luz branca, o raio de luz vermelha de Moisés – que orienta sobre a liderança. Os filósofos chineses

Lao-tsé e Chuang-tsé pertencem ao raio de luz verde, pela qual flui a harmonia, enquanto Confúcio e os deuses do xintoísmo japonês pertencem ao raio de luz violeta da reverência. Os espíritos do Reino dos Tathagatas trabalham como consciência pura, representando esses raios de luzes. No entanto, quando se comunicam com as pessoas na Terra ou quando aparecem diante delas como espíritos, tomam a forma humana. No Reino dos Tathagatas, eles ainda têm uma vida pessoal, lendo livros ou dando caminhadas, mas na maior parte do tempo trabalham como consciência pura.

Os Tathagatas da oitava dimensão são extremamente avançados do ponto de vista espiritual e, embora existam como uma consciência muito mais ampla do que as almas individuais, ocasionalmente um Tathagata poderá relembrar memórias passadas e assumir a forma humana.

Como mencionei em *As Leis do Sol*, a iluminação dos Tathagatas se expressa no despertar de que na verdade "um são muitos, muitos são um". Isso significa que um espírito Tathagata pode facilmente se manifestar como se fosse cinco ou dez entidades ao mesmo tempo, e cinco ou dez entidades podem agir como se fossem uma só. Os Tathagatas reconhecem a si como sendo várias entidades, de acordo com a necessidade de desempenhar uma determinada função.

No mundo dos Tathagatas, os espíritos não têm uma relação de pessoa para pessoa, como os seres humanos, mas são capazes de se dividir em quantas entidades espirituais for preciso. Antes de atingir o nível Tathagata, eles avançaram através de muitos níveis espirituais, tiveram experiências na quarta e na quinta dimensão, e talvez tenham até conhecido o inferno. Por meio de todas essas experiências, aprenderam a verdadeira natureza do espírito e elevaram seu nível de consciência, o que lhes tornou capazes de exercer suas atribuições como uma consciência superior.

### A Nona Dimensão (O Reino Cósmico)

Acima do Reino dos Tathagatas, está a nona dimensão, onde cada consciência é ainda mais vasta. No Reino dos Tathagatas na oitava dimensão, os espíritos podem se manifestar com uma multiplicidade de personalidades para um propósito particular, mas na nona dimensão, uma consciência é capaz de assumir muitas personalidades para uma grande quantidade de propósitos ou ainda se tornar um grande fluxo principal. A consciência da nona dimensão é como se fosse muitos açudes criados dentro de uma imensurável represa, e cada um desses açudes é chamado por um nome: por exemplo, o Buda Shakyamuni, Jesus Cristo ou Moisés. Cada um desses açudes tem características particulares e armazena uma grande quantidade de água que flui através de rios de luz quando é preciso. A água flui de diversas formas e para diferentes lugares onde ela é necessária. Esses açudes são como fontes da Lei Universal, *o Darma*.

Pode ser difícil compreender claramente como são os espíritos da nona dimensão. Eles não são constituídos de um espírito central e cinco espíritos ramos, mas, se quiserem, podem se separar em milhões de entidades. Sua consciência humana já se dissolveu quase completamente, mas como eles também já experimentaram viver como seres humanos, são capazes de manifestar uma consciência com uma personalidade, se necessário. Porém, sua verdadeira natureza é como se fosse a represa de um grande rio, e a composição da água armazenada difere de açude para açude.

Portanto, cada um de nós, que estamos residindo num corpo carnal na Terra, pode ser comparado a uma gota de água que desceu pelo riacho que flui de cada imenso açude até chegar à desembocadura do rio. Se um grande Tathagata pode ser simbolizado por um açude, talvez você possa imaginar o quanto um ser humano está distante do Deus da Criação.

## A Busca do Correto Coração

### *Equilibrando o Coração*

O espírito do ser humano possui uma forma e está num processo de evolução para se transformar num espírito mais elevado, sem a forma humana; ele se tornará uma consciência espiritual, que evoluirá ainda mais, tornando-se uma energia espiritual que exercerá uma função; posteriormente superará essa função e se tornará, algum dia, uno com a própria Fonte, a Lei. Desse modo, à medida que vamos retornando à origem, passamos a compreender a natureza do coração.

Agora, deixando de lado o mundo multidimensional e voltando para este mundo, o que devemos fazer, como seres que vivem na Terra? Sabemos que existem consciências muito grandes como açudes, desempenhando seus próprios papéis. No entanto, no presente nós não somos como consciências pairando no céu; estamos confinados a corpos físicos limitados. Como podemos despertar para a nossa verdadeira natureza e fazer o melhor que pudermos das nossas vidas diárias? A alma é, na essência, energia da vida que pode se expandir e se tornar infinita como o universo, mas que também pode se contrair até se tornar tão minúscula quanto um grão de mostarda. No entanto, seremos incapazes de compreender a nossa consciência se ela for do tamanho de uma semente – ela seria muito pequena para a contemplarmos. Precisamos enfocar na consciência, ou na alma, enquanto reside no corpo físico, e controlá-la. Para reger a alma que reside no corpo físico, precisamos primeiro governar o coração, pois o coração é o centro do espírito.

Quais são as áreas que existem no coração? Existem diferentes áreas para as emoções ou a sensibilidade, a vontade, o intelecto e a razão. Quando você olhar para o seu eu interior, primeiro deve verificar o equilíbrio do seu coração, se essas áreas possuem proporções equilibradas. A área emocional de seu coração está mais expandida? Você se mostra emocionalmente estável ao longo do dia? Você não tem dificuldade para controlar suas emoções?

Como está a área da vontade? A vontade é a determinação para realizar suas intenções. Embora seja bom ter muita força de vontade, observe se você não está sempre insistindo em fazer as coisas do seu jeito, sem levar em consideração os sentimentos dos outros. Ter uma vontade férrea não é necessariamente ruim, mas você é suficientemente flexível para aceitar fazer mudanças quando for necessário?

Também existe a área da inteligência. A verdadeira inteligência inclui a sabedoria espiritual, como é explicado no budismo. No entanto, em vez de se tornarem mestres da alma, alguns monges budistas se tornam meramente intérpretes dos sutras, assim como alguns sacerdotes e ministros cristãos enfocam apenas o estudo da Bíblia e a doutrina da igreja. Você precisa certificar-se de que a área intelectual de seu coração não está distorcida ou inflada demais.

Por fim, verifique a área da razão. A razão desempenha o papel de uma bússola, dirigindo o curso da nossa vida na direção correta. Mas, se a área da razão torna-se superdesenvolvida, você tende a ficar indiferente e crítico, analisando friamente os outros e suas atitudes, e criticando suas falhas. Como as pessoas se esquecem de que todas as almas humanas são originalmente irmãos e irmãs e que, como filhos de Deus, estamos todos interligados como um só, você começa a ver as pessoas e os acontecimentos usando apenas a razão.

Certifique-se de que as áreas da vontade, da emoção, do intelecto e da razão estejam bem equilibradas, e que, juntas, elas formem uma bola perfeitamente redonda, pois esse é o primeiro passo para buscar o Correto Coração.

### Purifique a sua Faixa de Pensamentos

O passo seguinte é eliminar quaisquer nuvens de pensamentos que estejam envolvendo o seu coração. Em torno do coração existe o que chamamos de "faixa de pensamentos", e as condições dessa faixa determinam se somos ou não felizes no curso da nossa vida.

Você provavelmente aprendeu o que são bons pensamentos e maus pensamentos. Por exemplo, a ternura, a bondade, a simpatia e o amor pelos outros são bons; a queixa, a raiva, o ciúme e a inveja são ruins. Pensamentos negativos, assim como os pensamentos egoístas e o desejo pela autopreservação, criarão nuvens sobre a faixa dos pensamentos do coração. As nuvens desses pensamentos equivocados bloqueiam a passagem da luz de Deus.

A verdadeira natureza da vontade divina é a luz do Grande Tathagata (Amitaba), que ilumina todas as coisas de todas as maneiras, sem distinção. Essa luz é energia vital desobstruída, que se irradia em todas as direções, mas ainda assim pode ser bloqueada.

Como descrevi em *As Leis Douradas*, a luz de Deus demonstra tanto atração quanto repulsão. A luz divina tem afinidade com tudo o que é semelhante às qualidades inerentes da luz, e repele qualquer coisa negativa, que não corresponda a essas qualidades. Essa é a Lei divina que dá origem aos problemas surgidos na faixa de pensamentos do coração.

A luz que vem do mundo celestial é a luz de Deus, ou energia divina, enquanto a energia com que criamos as coisas a partir dos nossos pensamentos é a energia criativa concedida a todos os filhos de Deus. Ambas as energias se originam da mesma fonte. Como temos, em nossa essência, a mesma liberdade para criar como Deus, que é a nossa origem, podemos criar um telhado que bloqueia a luz do sol por meio dos nossos próprios pensamentos.

No curso da nossa vida, nós acumulamos inconscientemente pensamentos negativos, criando nuvens de pensamentos, como um telhado, que bloqueiam a luz e fazem com que nosso coração fique distorcido. Não importa o quanto nossos espíritos guardiões ou espíritos guias tentem ajudar a corrigir o curso da nossa vida, as nuvens criadas pelos nossos pensamentos acabam bloqueando até a luz guia desses espíritos. Como resultado das próprias escolhas, as pessoas criam densas nuvens ao redor do coração, bloqueando a luz e vivendo na escuridão.

Para ser feliz, você precisa remover essas nuvens de pensamentos através do próprio esforço, uma vez que você as criou sozinho. Se a sua casa estiver bagunçada, de quem é a responsabilidade de limpá-la? Você liga para a prefeitura mandar seu pessoal de limpeza? Não, você é quem precisa limpar sua própria casa.

Eu tenho recebido cartas de membros de um certo grupo religioso afirmando que Deus salva a todos, e que a dor e o sofrimento servem meramente para extinguir o carma negativo. A dor e o sofrimento na verdade surgem porque as próprias pessoas criam as causas. Elas produzem as nuvens de pensamento que ocultam a luz de Deus e tornam-se incapazes de receber a orientação dos guardiões e dos espíritos guias. Como resultado, ficam sujeitas a viver a vida de maneira errada e acabam indo para o inferno.

As causas da dor e do sofrimento não estão nos outros ou no mundo exterior; você mesmo os cria. Como tem criado os seus próprios sofrimentos, você mesmo precisa eliminá-los. No entanto, somente orações não serão suficientes para dissipar as nuvens dos seus pensamentos.

Não interprete o amor de Deus como uma liberdade para fazer tudo o que tem vontade, achando que toda dor ou sofrimento está destinado a desaparecer. Lá no fundo de sua alma, você precisa entender que o seu sofrimento é o resultado das nuvens acumuladas sobre os seus pensamentos e, a menos que essas nuvens se dissipem, você nunca viverá do modo correto, como um filho de Deus. Os erros que cometeu com suas decisões devem ser corrigidos enquanto você estiver vivo neste mundo. Com o seu próprio esforço, reflita sobre os seus pensamentos e atitudes e corrija-os; somente você pode salvar a si mesmo. Essa prática é absolutamente necessária. Lembre-se dos dois pontos mais importantes com relação ao princípio do coração: primeiro, mantenha as diferentes áreas do coração em equilíbrio; em seguida, detecte as nuvens de pensamentos, elimine-as com o seu próprio esforço através da reflexão e restaure o estado original de seu coração. Não existe outro caminho para a verdadeira felicidade.

• PARTE DOIS •

# O Verdadeiro Despertar

Atingir a iluminação não é fácil. No entanto, a iluminação atingida depois da superação de desafios é verdadeira felicidade. Os seres humanos são realmente seres espirituais. Quando voltamos para o mundo espiritual, a única coisa que podemos levar conosco é o nosso "coração". Por essa razão, a iluminação precisa ser o propósito da vida, pois trata-se de um estado interior de completa felicidade. Caso você não tenha se desenvolvido espiritualmente ou despertado verdadeiramente, não pense que o seu atual estado é felicidade, pois sem essas experiências a felicidade é apenas uma ilusão.

Os princípios da iluminação, do desenvolvimento e da sabedoria são a essência das Leis. Esses princípios são a bússola do coração, essenciais para aqueles que se dedicam ao aprimoramento espiritual com base na Verdade. As almas precisam ser firmes e constantes; isso cria harmonia e evita que elas caiam à medida que avançam. Em particular, a ideia de desenvolvimento através do Caminho do Meio e o esquema dos estágios de desenvolvimento da sabedoria certamente garantirão a evolução eterna da sua alma.

QUATRO

# O Princípio da Iluminação

## Espírito de Busca pela Iluminação

A Happy Science foi fundada em 6 de outubro de 1986 e, no período de um ano, o movimento cresceu num ritmo mais veloz do que eu esperava. Inicialmente, eu tinha planejado limitar o número de membros, mas um número cada vez maior de pessoas se candidatava. Apesar do meu desejo de que a organização operasse com discrição nos primeiros anos, milhares de cartas chegavam todos os meses. Quando eu pensei sobre o futuro do movimento a longo prazo, percebi que, a menos que estabelecesse fundamentos sólidos, com base numa visão muito clara, o nosso movimento seria consumido pela sua enorme energia. Assim, resolvi administrá-la com rigor. A Happy Science é uma organização bem exigente e mantém padrões elevados. No começo, para se tornar membro da nossa organização, o candidato precisava ter lido pelo menos dez livros de minha autoria e escrever uma redação explicando por que queria se unir a nós. A maioria dos candidatos, porém, lia mais de vinte livros. Eu ficava impressionado com o grande entusiasmo daqueles que excediam nossas expectativas, apesar da nossa intenção de controlar o crescimento do número de membros.

Depois que as pessoas eram admitidas como membros, elas continuavam a se empenhar para progredir espiritualmente. No primeiro ano, organizamos um seminário num retiro espiritual, no mês de maio, e aplicamos uma prova referente ao seminário para o nível dos principiantes, em agosto, e para nível intermediário, em setembro. Os membros demonstravam um grande entusiasmo pelo aprendizado da Verdade. Toda vez que eu lia os textos que eles escreviam sobre a Verdade, eu percebia que a qualidade tinha melhorado. Nos estágios iniciais, quando os membros não chegavam a dois ou três mil, introduzi um sistema de avaliação para estruturar nossas atividades e assim planejar melhor o desenvolvimento futuro da organização. Até que essa nova estrutura entrasse em vigor, eu tive que controlar a expansão da Happy Science.

Quando o número de membros chegou a dezenas de milhares, eu percebi que não poderia mais dar instruções individualmente, por isso idealizei que aqueles que tinham ingressado no princípio do nosso movimento se desenvolvessem como líderes, para orientar os novos membros. A Happy Science era o único grupo religioso que tinha um sistema de avaliação para os membros; outros grupos possuíam exames para os sacerdotes, mas não para os membros. Os seminários de nível 1, 2 e 3, que abrangiam desde o nível básico até o mais avançado, incluíam uma palestra e uma redação de graduação, ao final de cada seminário. O propósito desses seminários é oferecer aos membros oportunidades para adquirir mais conhecimento da Verdade e aprimorar suas almas.

## Estabelecendo um Novo Sistema de Valores

Embora alguns dos nossos membros entendam por que aplicamos esses tipos de exames, outros podem não entender. Aqueles que fazem as provas costumam alcançar uma pontuação razoável, mas nem sempre os melhores são necessariamente os mais inteligentes. Os resultados refletem o grande anseio dos membros em encontrar a Verdade e seu entusiasmo para buscar a iluminação. Eles também mostram que, numa amostra aleatória de pessoas, algumas possuem um certo nível de entendimento da Verdade que não tem nenhuma relação com a sua inteligência, nível de instrução, posição social ou situação financeira.

Pelo fato de a Happy Science ter políticas administrativas rigorosas, parece que ganhamos a confiança de uma grande parcela da sociedade. Muitos dos nossos membros são professores, médicos, intelectuais e outros tipos de profissionais.

Os médicos, por terem se graduado em escolas de medicina, normalmente são inteligentes e supostamente deveriam atingir uma pontuação alta nas provas dos seminários, mas eles não são necessariamente os membros que tiram as notas mais altas. As pessoas com elevado nível de instrução acham difícil entender isso; elas pensam, "Sou uma pessoa inteligente. Por que não consigo tirar uma nota alta?" Esse tipo de ocorrência é causado pela nossa tentativa de estabelecer um novo sistema de valores, que contradiz os valores com que a maioria das pessoas está acostumada.

Os valores mundanos nem sempre refletem os valores do mundo celestial. Se você pensar no sistema de valores terreno como uma pirâmide, vai ver que, em muitas áreas, ela está de cabeça para baixo, no formato de um triângulo invertido. As pessoas que não estão fazendo absolutamente nada de valor aos olhos de Deus são, em alguns casos, as mais respeitadas aqui. A maioria da população da Terra não entende o que tem ou não tem um valor verdadeiro. Por exemplo, algumas pessoas acham importante ficar famoso ou aparecer na TV, enquanto outras valorizam um emprego numa grande empresa de boa reputação.

Quando você retorna ao mundo espiritual, a sua posição ali não tem absolutamente nenhuma relação com a sua posição social na Terra. Às vezes, pode ser exatamente o oposto. Jesus disse, "Em verdade vos digo que, se não vos converterdes e não vos tornardes como crianças, não entrareis no reino dos céus" (Mateus 18:3). Quando alguns veem jovens tirando as notas mais altas, protestam, insistindo em dizer, "Eu tenho buscado a iluminação em muitas religiões diferentes há mais de dez anos, por isso meu nível de iluminação deve ser mais elevado do que o de uma pessoa jovem". A entrada nos portões do céu não depende de idade. Uma pessoa que tenha acumulado muitas experiências não vai necessariamente para uma dimensão mais elevada do mundo celestial do que alguém que seja jovem e inexperiente. Uma pessoa que tenha sido presidente de uma empresa e tenha muita influência também não vai necessariamente para um reino mais elevado.

Os valores verdadeiros do Mundo Real são completamente diferentes dos valores deste mundo, por isso você não pode julgar o nível de uma pessoa só pela posição social ou formação acadêmica que ela tem. Muitos líderes ao longo da história tentaram revelar os padrões e valores do Mundo Real, mas nenhum conseguiu revelar tudo. A minha verdadeira missão no mundo celestial é estabelecer e manter o padrão de valores baseado na Lei divina. Aqui na Terra, uma das minhas principais tarefas é demonstrar os verdadeiros valores como são vistos pelos olhos de Deus, para iluminar os valores que até agora estavam na escuridão. Embora você possa achar que o mundo da Verdade seja maravilhoso, talvez tenha vergonha de falar sobre isso abertamente no seu local de trabalho ou com a família e os amigos. Você pode sentir que não teria vantagem alguma em revelar o seu interesse pela espiritualidade ou ficar com medo que isso atrapalhe a sua carreira ou suas amizades ou relacionamentos.

Se estamos fazendo algo de grandioso valor, por que deveríamos ter medo de que os outros soubessem disso ou não? As "normas" da sociedade devem estar erradas. Se as regras atuais estão incorretas, precisamos mudá-las. Nós, da Happy Science, estamos apresentando um novo padrão de valores e demonstrando o quanto são frágeis as atuais normas da sociedade. Agora é hora de mostrar ao mundo quais são os verdadeiros valores e que tipo de gente é verdadeiramente merecedor de respeito. Quando retornarem para o outro mundo, aqueles que são tidos em alta conta neste mundo perceberão quão pouca importância realmente têm. Não importa o quanto possam ter sido importantes ou ocupado posições elevadas neste mundo, eles virão a perceber que não passam de seres pequeninos diante dos grandes espíritos guias de luz.* Na presença dos anjos de luz, eles se sentem tão pequenos que um mero lampejo de luz desses anjos os faz olhar mais de perto para o seu próprio ser.† Essa experiência está além de qualquer descrição. Como eles não conhecem a Verdade, tornam-se inferiores no outro mundo. Mas, como são os únicos responsáveis pela própria ignorância, não podem dar a desculpa de que não conheciam a Verdade, não importa o quão pequenos se tornem quando retornam para o mundo espiritual. Enquanto viveram na Terra, as oportunidades de encontrar a Verdade e os sinais para atingir a iluminação sempre estiveram à sua volta. Fizeram pouco caso dessas chances e

---

\* Os grandes espíritos guias de luz são aqueles que residem no Reino dos Tathagatas da oitava dimensão e acima. Eles têm a capacidade de criar uma cultura ou civilização com seus ensinamentos.
† No mundo espiritual, quanto mais elevado o nível atingido, mais luz o espírito irradia.

desperdiçaram as oportunidades, considerando esses sinais como algo sem sentido.

Quando estiverem no outro mundo, ao refletirem sobre as suas vidas na Terra, irão compreender plenamente o quanto foram ignorantes.

## Entrando em Contato com a Verdade

A iluminação começa com o conhecimento. Você precisa conhecer Deus, a vontade de Deus e os ensinamentos que fluem do coração de Deus. Sem essa compreensão, você nunca será capaz de perceber nenhuma pista para a iluminação. Existem muitos métodos para se atingir a iluminação, mas você nunca será capaz de atingir esse estado simplesmente fazendo uma longa caminhada pelas montanhas ou sentando-se sob uma cachoeira, como fazem os buscadores budistas. O caminho que leva à iluminação é o caminho que leva à consciência espiritual* e, para atingir essa consciência, você precisa conhecer algo que está além deste mundo. Se você experimentou o exato oposto dos seus valores mundanos e encontrou a Verdade, pode-se dizer que já deu o primeiro passo rumo à iluminação.

"Conhecer" significa, antes de mais nada, entrar em contato com o mundo da Verdade. Não há desculpa para ignorar a Verdade. Uma oportunidade para encontrá-la é através da leitura dos livros que publiquei e das palestras que realizo; esses livros e palestras são como flechas de luz disparadas a partir do mundo da Verdade. Para corrigir o sistema de valores deste mundo, precisamos dar às pessoas tantas oportunidades quanto possível para ler livros sobre a Verdade. Se os leitores desses livros despertarão para a Verdade, isso só depende deles, mas a tarefa dos anjos de luz é, ao menos, oferecer oportunidades para a iluminação. A Lei é raramente difundida, por isso, quando ela é ensinada, é preciso lançar alicerces sólidos para que leve as pessoas à iluminação, não só nesta era, mas também daqui a milhares de anos. Vocês não são os únicos leitores que eu tenho em mente. Parte da minha tarefa é iluminar também aqueles que viverão no futuro.

---

* A consciência espiritual é o despertar para o eu verdadeiro, com o conhecimento de que os seres humanos são seres espirituais e filhos de Deus.

Não importa como este mundo mudará no futuro, as Leis do coração são universais. A Verdade é eterna e imutável, e nossa missão é despertar as pessoas para ela. Os ensinamentos se tornarão uma luz guia para as pessoas em tempos futuros, por isso eu nunca me moldo às normas da sociedade moderna. Mesmo que os tempos ou o ambiente mudem, não importa que tipo de mundo despontará, a nossa missão é apontar as coisas que não estão mudando em meio à mudança.

## A Transmissão da Lei

Se essa é a nossa missão, temos de ter uma perspectiva ampla. Precisamos considerar o que devemos deixar para trás à medida que nos aproximamos da era que virá, a Era de Ouro do futuro. (Ver capítulo 5 de *As Leis do Sol*.) Essa não é apenas uma tarefa minha, mas sua também. A Lei é o alicerce, a base de todos os valores, mas ela não é algo fixo ou imutável; pelo contrário, ela gira e irradia luz de diferentes cores. Para receber essa luz, precisamos ser capazes de aceitar a luz de cada uma dessas cores, que se propagam do arco-íris[1] e passá-las às outras pessoas. Isso requer um esforço concentrado. Significa que aqueles entre vocês que estão lendo esta mensagem não deverão se contentar em lê-la apenas. Depois que tiverem lido, precisarão mudar o modo de pensar em seus corações. Vocês compreenderão plenamente as minhas palavras somente depois que seu coração tiver passado por uma transformação. Se vocês se sentiram profundamente tocados e algo ressoar bem fundo em seus corações, essa é uma indicação de que vocês já ouviram minhas palavras antes, talvez em vidas passadas na Terra ou no mundo espiritual. Estou falando ao coração de cada um de vocês; estou fazendo um apelo à sua alma.

Eu deixarei este mundo em março de 2037, um pouco antes da floração das cerejeiras. Por 2800 anos, eu não encarnarei novamente para ensinar a Lei. Meu desafio é viver esta vida plenamente nos anos que ainda me restam. Minha missão é difundir a Verdade o mais amplamente possível, para o maior número possível de pessoas.

Mas não basta simplesmente difundir a Verdade o mais amplamente possível.

O verdadeiro desafio é tocar profundamente o coração das pessoas e fazer com que a Verdade se instale ali permanentemente. Para tanto, não posso simplesmente transmitir minha mensagem aos brados como um pregador que dá sermão nas praças; a Lei não pode ser transmitida apenas acenando para um bando de pessoas.

Como foi que o budismo chegou até nós? Foi graças a um esforço conjunto de buscadores dedicados que se disciplinaram e buscaram a iluminação. Num escritório, uma pessoa pode fazer o trabalho de cinco ou seis pessoas, no máximo. Mas, quando se trata de transmitir os ensinamentos da Lei, as conquistas e a influência da vida de uma só pessoa podem ser muito mais eficientes. No mundo da Verdade, uma pessoa pode ser tão poderosa quanto dez mil, ou até um milhão. Depois que a minha vida na Terra tiver chegado ao fim, a tocha do Darma será passada adiante por buscadores que assumem essa missão, mesmo que surja apenas uma pessoa a cada dez ou vinte anos. Esse tem sido o modo de divulgação dos ensinamentos do budismo.

Existe um número enorme de seitas religiosas surgindo no mundo todo. No entanto, depois que os seus fundadores morrem, a maioria desses grupos perde o rumo e acaba desaparecendo. Os sucessores tentam passar os ensinamentos como se eles fossem uma herança, como um bem material, e tentam fazer o possível para manter a estrutura, a propriedade e o estilo de vida. Isso é um erro – a Verdade deve ser transmitida de uma pessoa iluminada para outra. Ao longo da história, o budismo foi transmitido da Índia para a China e desse país para o Japão; os laços de sangue e o status institucional nada significavam na transmissão dos ensinamentos de Buda. O princípio sempre é "de uma pessoa iluminada para outra".

O monge budista japonês Kukai (774-835 EC) foi para a China e estudou os ensinamentos esotéricos com o Mestre Hui-kuo (746-805) (ver capítulos 3 e 4 de *As Leis Douradas*). Um pouco antes de o Mestre Hui-kuo falecer, ele nomeou Kukai seu sucessor. Na visão dos discípulos de Hui-kuo, Kukai era um estrangeiro desconhecido que chegou à China, vindo do além-mar. Hui-kuo de fato demonstrou ter uma visão internacional e um espírito aberto, ao transmitir os ensinamentos do Buda. Quando Mestre Hui-kuo passou a tocha do Darma para Kukai, antes de morrer, seus discípulos mais próximos sem dúvida ficaram desapontados e cheios de inveja. Esses discípulos tinham seguido o Mestre Hui-kuo por um bom tempo, mas o professor não selecionou nenhum deles para herdar a tocha do Darma; em vez disso, escolheu um estrangeiro que viera da China havia seis meses apenas. Os discípulos tiveram dificuldade para aceitar essa dura verdade.

A herança da tocha do Darma, porém, exige crença total. O caminho da iluminação é como uma trilha estreita através dos cumes das montanhas; o nível de iluminação não pode descer abaixo do nível desses cumes. Ele segue em frente de cume em cume, de cordilheira em cordilheira. Esse caminho é inflexível. A transmissão da Lei não pode sofrer a influência de considerações pessoais; a felicidade das futuras gerações, assim como daqueles que vivem na atualidade, depende da transmissão correta da Lei. Ela não permite que se façam concessões.

Os buscadores da Verdade precisam perceber que cada dia representa um novo teste; todos os dias você caminha por essa trilha estreita. Sem crer completamente, como você poderia salvar não apenas os seus contemporâneos, mas também as futuras gerações? Mesmo que o número de membros da nossa organização aumentasse, atingindo a casa dos milhões, se cada um deles não levar a sério a busca pela iluminação, esse aumento de nada serviria. Uma pessoa que tenha atingido um alto nível de iluminação é muito mais benéfica para a humanidade do que muitas que apenas engatinham nesse caminho. Essa é a ideia principal na transmissão e sucessão da Lei.

Não existe absolutamente nenhum limite no aprendizado da Verdade. Busque a Verdade com todo o seu intelecto, com toda a sua paixão e com toda a sua energia. Mesmo que já busque a Verdade continuamente, você nunca deve se sentir satisfeito nem parar de estudar. Sempre existe algo mais que você ainda não aprendeu. Muitas pessoas lerão esta mensagem, mas cada um de vocês interpretará de um modo diferente. Se você distorcer a Verdade e transmiti-la com erros de interpretação, que efeito isso terá? Você primeiro precisa entender o rigor da Lei e da iluminação.

É essencial, portanto, que estabeleçamos as fundações antes de iniciar o trabalho missionário. Eu não dou palestras para entreter as pessoas; eu prego para que elas adquiram conhecimento e se tornem anjos de luz. Portanto, volte ao ponto de partida e reflita sobre a sua decisão. Você encara com entusiasmo e paixão o nosso movimento e os efeitos que ele exerce sobre as pessoas? Ou você faz parte desse movimento só pelo que ele pode lhe proporcionar?

Você precisa estar disposto a morrer pela sua causa. Eu não estou falando sobre a vida e a morte do corpo, mas da morte espiritual. Crucifique a sua fraqueza, que escolhe o caminho mais fácil. Crucifique o seu ego, agitado por desejos mundanos, e facilmente iludido pelo ganho imediato. Esse é o verdadeiro significado da frase bíblica "Se alguém não nascer de novo, não pode ver o Reino de Deus" (João 3:3). A menos que você tenha uma forte e inabalável determinação, não poderá realmente assimilar a Verdade por si próprio. Até que você desperte, nunca será capaz de despertar outras pessoas.

## Como Desenvolver a Atitude Correta para a Prática Espiritual Bem-sucedida

*O Amor é Invencível*

Recebemos muitos telefonemas e cartas de vários grupos religiosos. Alguns fazem ameaças, afirmando que o nosso movimento, desde o seu início, tem afetado suas atividades. Essas ameaças não nos afetaram em nada; o nosso comprometimento com a nossa causa é muito mais forte que isso. A motivação desses grupos é proteger seus lucros materiais, enquanto a nossa é fazer a vontade de Deus na Terra. Com o tempo, eles virão a entender essa diferença de atitude.

Não podemos distorcer a Verdade por razões frívolas. A Verdade é a Verdade e o que é certo é certo. A vontade de Deus é a vontade de Deus. O falecido líder cristão japonês Kanzo Uchimura (1861-1930)[*2] declarou que combateria todos os inimigos da Verdade. Eu sinto o mesmo, mas, no meu ponto de vista, ninguém é inimigo da Verdade – só existem aqueles que despertaram para a Verdade e aqueles que ainda não despertaram.

---

* Kanzo Uchimura dedicou sua vida à difusão do cristianismo no Japão com o conceito de "Cristianismo sem igreja".

Nesta Terra, não existem demônios nem tampouco um mal que seja realmente verdadeiro. Mesmo aqueles que parecem se opor a nós não são na realidade seres malignos; não são Satanás ou demônios, mas simplesmente pessoas que ainda não despertaram para a Verdade. Elas também são filhos de Deus. Não existe distinção entre pessoas "boas" e "más", mas somente entre aqueles cujos olhos se abriram e aqueles cujos olhos ainda estão fechados. Os seres humanos não foram criados tão imperfeitos a ponto de serem maus por natureza.

A determinação de Kanzo Uchimura para combater todos os inimigos da Verdade deveria ser o nosso modelo, mas como não há nenhum inimigo, todos estão do nosso lado. Alguns nos apoiam explicitamente e outros ainda não perceberam que deveriam apoiar o nosso movimento. Em vez de combater o inimigo, devemos lembrar essas pessoas da verdadeira Lei que existe dentro delas e reacender a tocha em seus corações. Estamos determinados a avançar no nosso caminho; não lutaremos, mas tampouco cederemos. Temos uma visão clara do modo como a Verdade se manifestará na Terra. Essa atitude e um espírito indomável são essenciais. Precisamos acreditar que o amor não tem inimigos. Não importa o quanto seja rígida a couraça de autoproteção de uma pessoa, ela nunca é dura o suficiente para defendê-la contra a lança do amor. Portanto, quando agimos, empenhamo-nos para encontrar a natureza divina de cada pessoa.\*
Dentro de cada indivíduo oculta-se o esplendor do diamante que reluz, o mesmo esplendor que você já descobriu em si mesmo, buscando o aprimoramento da sua alma.

Amar os outros significa amar o brilho sagrado que irradia dentro deles – sua essência verdadeira –, a natureza de um filho de Deus. A natureza divina que você encontra nos outros é a mesma natureza que existe em seu interior. Esse é o verdadeiro significado da frase "Eu e os outros somos um". O filho de Deus descobre o filho de Deus e o filho de Deus ama o filho de Deus. É importante olhar a partir de uma perspectiva na qual você não está separado das outras pessoas.

O primeiro passo para atingir a iluminação é descobrir a natureza divina dentro de você. Só aqueles que descobriram a sua natureza inte-

---

\* Todos são filhos de Deus; dentro de cada coração, existe a luz divina.

rior divina podem ver a mesma natureza divina nas outras pessoas. Aqueles que ainda não descobriram a natureza divina em seus corações não podem encontrá-la nos outros, nem mesmo poderão ajudá-los a descobri-la.

O movimento Theravada não deve se separar do movimento Maaiana.* Precisamos entender que a semente do movimento Maaiana já existe no Theravada. Em *As Leis Douradas*, eu explico a essência do budismo de Shakyamuni no ensinamento "Beneficiando a si mesmo, estarás beneficiando o próximo"[3]. Em outras palavras, primeiro você deve se aperfeiçoar, porque esse processo beneficia os outros. Você não deve proteger o seu próprio ego ou os seus próprios interesses, mas deve encontrar a sua natureza divina interior e fazê-la brilhar. Então você deve encontrar a natureza divina nos outros, brilhando em resposta à sua luz interior. Esse ensinamento tem o propósito de unir o eu com os outros.

## A Busca pelo Correto Coração

Agora precisamos pensar em como descobrir a nossa luz interior, a natureza divina que existe no interior de cada um de nós. Desde que eu criei a Happy Science, tenho defendido a busca pelo Correto Coração e os princípios da felicidade. A busca pelo Correto Coração é tanto o ponto de partida quanto o ponto de chegada no caminho da Verdade. Essa busca é o pilar da sua disciplina espiritual na Terra e da linha da vida que interliga você a Deus, de modo que você não afunde no oceano de ilusões deste mundo.

Correto Coração não se refere à correção no sentido do que é correto e o que é errado. "Correto" é um valor que surge durante o processo de revelação da Verdade. Quanto mais profunda e intensa for a sua busca pela verdade, mais brilhante será a correção e essa "retidão" não pode ser mensurada com base num conjunto de mandamentos que diz, "Você pode fazer isto, mas não pode fazer aquilo".

---

* Os movimentos Theravada e Maaiana são termos metafóricos referentes aos ensinamentos que conduzem as pessoas à iluminação. O Theravada representa os ensinamentos que intensificam a iluminação individual, enquanto o Maaiana representa os ensinamentos sobre como salvar as outras pessoas.

Ao longo da história, muitos espíritos guias de luz que desceram à Terra encarnados deixaram mandamentos tais como "Não matarás", "Não roubarás" e "Não darás falso testemunho". Moisés e Shakyamuni deixaram mandamentos e propuseram leis que os buscadores devem observar; no entanto, esses mandamentos não pretendem diferenciar o certo do errado, mas servir como placas indicativas no caminho para a iluminação.

Precisamos transcender a dualidade do certo e errado, e ter a coragem de descobrir o brilho da Verdade em tudo e em todos. A Verdade não pode ser descoberta num conjunto simplista de regras de conduta, como "Se você fizer isso, vai para o céu, mas se violar esta regra irá para o inferno". Os mandamentos foram criados somente para evitar que os buscadores se desviassem do caminho no início daqueles tempos.

Deixar este mundo sem ter matado um único mosquito ou formiga não é garantia de ser olhado com respeito no outro mundo. Se uma pessoa matou mosquitos, mas também orientou e salvou milhares de pessoas, a justiça estará do lado daquela pessoa. Em vez de nos tornarmos covardes de boa índole, presos aos mandamentos, temos de ter a coragem de buscar e explorar a retidão oculta dentro de tudo e de todos.

Somos o capitão e a tripulação que navegam pelo oceano em busca da Verdade. Com o mesmo espírito de Colombo, que desbravou os mares há mais de quinhentos anos e descobriu um novo continente, estamos agora navegando pelo oceano da Verdade. Não existem oceanos ou continentes na Terra que ainda não tenham sido descobertos, por isso precisamos partir para um mundo que se encontra além deste, o mundo de Deus – o Mundo Real. Como a ciência é, em essência, a busca pelo desconhecido, a busca pelo mundo espiritual nada mais é do que a ciência de hoje e do futuro – somos como Colombo, Fernão de Magalhães, Galileu e Copérnico dos dias de hoje, cientistas e exploradores da Verdade.

## Não Há Iluminação sem Reflexão

No capítulo 1, "O Princípio da Felicidade", expliquei sobre Os Quatro Corretos Caminhos para esta era: o amor, a sabedoria, a reflexão e o desenvolvimento. Seguindo os princípios da felicidade, você pode explorar e se especializar nesses quatro caminhos. Eu sempre digo que a felicidade a que nos referimos não é a felicidade que só podemos desfrutar neste mundo *ou* no outro mundo, mas sim a felicidade que continua deste mundo para o outro.

O caminho para a verdadeira felicidade é o caminho para a iluminação. Quando atingimos a iluminação, despertamos para a Verdade da nossa verdadeira essência, sobre a maneira ideal de vivermos, e nos conscientizamos de que estamos viajando infinitamente entre este mundo e o outro. Então, por fim, compreendemos que o mundo que Deus criou é um mundo multidimensional, que se estende do mundo da terceira dimensão em que estamos agora, aperfeiçoando-nos espiritualmente, até o da nona dimensão. O conhecimento nos conduz à obtenção da iluminação e obter a iluminação é felicidade.

Que grande felicidade é o conhecimento acerca de tudo! Não importa o quanto seja sofisticado o seu estilo de vida ou impressionante o seu status social, a menos que saiba de onde veio, para onde vai e como Deus vê a sua vida, você não pode sentir a verdadeira felicidade. Quando voltamos para o outro mundo, não podemos levar conosco o status, a reputação ou as riquezas deste mundo. A única coisa que podemos levar para o outro mundo é um coração puro e verdadeiro. Para tanto, precisamos buscar o Correto Coração e assim aprender os quatro princípios do amor, da sabedoria, da reflexão e do desenvolvimento; essas são as expressões práticas da "retidão" ou "correção". Elas são os caminhos que integram os ensinamentos Theravada e Maaiana, os quais devemos seguir para aprimorar a nossa alma.

No capítulo 2, eu discorro sobre o princípio do amor. Expliquei que o amor não se baseia apenas na igualdade, mas implica diferentes estágios. Expliquei também que existem níveis de amor, que você deve se empenhar para seguir. O capítulo 3 foi sobre o princípio do coração e enfocou a busca pelo Correto Coração. Neste capítulo, O Princípio da Iluminação, eu explico o significado da reflexão, o terceiro princípio dos Quatro Corretos Caminhos.

O que é reflexão? Eu disse que conhecer a Verdade é o primeiro passo para atingir a iluminação. Os seres humanos tendem a preferir o caminho mais fácil e viver como mais lhes agrada, pois estão satisfeitos com o modo como vivem. Sendo assim, você precisa fazer uma reflexão sobre a sua vida e ver a si mesmo de modo objetivo, avaliando-se como se estivesse numa caixa de vidro transparente. Para fazer isso, precisa ter o conhecimento da Verdade. Se você tem conhecimento de como a luz de Deus se manifesta, esse conhecimento transforma-se em luz, ou num espelho no qual você se verá refletido. Primeiro obtenha o conhecimento e, em seguida, inicie uma busca profunda, muito profunda, em seu interior.

Antes do seu encontro com a Verdade, você já refletiu sobre os seus pensamentos e ações, ou pensou em como purificar seus pensamentos? Na igreja ou em casa, provavelmente já lhe ensinaram sobre a importância do arrependimento. Mas é bem provável que ninguém tenha lhe ensinado que o princípio da reflexão é uma maneira de buscar e encontrar a sua verdadeira natureza como filho de Deus, ou que esse é um método para se atingir a iluminação. Shakyamuni nos ensinou sobre a reflexão há 2.600 anos, na Índia.

Depois que nascemos neste mundo, a maioria de nós é criada numa família, aprendemos várias coisas com os nossos pais e professores, e somos influenciados pelos amigos e pela sociedade. Consequentemente, para melhor ou para pior, somos tingidos por diferentes cores e vivemos nossa vida exibindo-as, sem ter consciência disso.[4] Todo mundo quer ter uma vida maravilhosa, mas muitas pessoas acabam tingindo-se da cor cinza em razão das escolhas que fazem ao longo da existência. É por isso que precisamos refletir sobre nós mesmos.

Não viemos a este mundo vestidos com uma roupagem suja; o tecido original do nosso coração na verdade era limpo e puro. No entanto, décadas de vida na Terra deixaram o nosso coração manchado de cores diferentes. Aqueles cujo coração está direcionado para o que é correto, fulguram com cores brilhantes e celestiais, enquanto aqueles que vivem de modo incorreto são tingidos de uma coloração cinza-escuro. A reflexão purifica o nosso coração e nos livra das cores sombrias.

É triste ver pessoas que desconhecem o quanto se afastaram do seu estado de espírito original, e que não percebem o quanto estão separadas da sua natureza verdadeira. Portanto, o primeiro passo na reflexão é procurar conhecer a distância que seu coração se encontra do coração de Deus.

## Avanço e Harmonia

Depois que nos conscientizamos do quanto ainda temos que caminhar, o passo seguinte é nos aproximarmos cada vez mais do nosso estado original. O budismo tradicional ensina vários métodos, como os Oito Corretos Caminhos[5] e as Seis Paramitas,[*][6] mas a base de todo método de iluminação são dois princípios: o avanço e a harmonia.

O avanço consiste no autoaprimoramento e desenvolvimento por meio do esforço próprio. Harmonia significa aprimorar-se sem prejudicar os outros e contribuindo para a felicidade de muitos. Assim como as árvores crescem, nós crescemos em nosso entendimento da Verdade. As árvores cujo crescimento prejudica outras árvores precisam ser cortadas. Para que possam crescer juntas, as árvores precisam crescer no sentido vertical, em direção ao céu. Se elas crescerem na diagonal, arqueando-se em direção ao chão ou das outras árvores, impedirão o crescimento saudável das outras à sua volta. Toda árvore tem o direito de crescer, mas não à custa das outras; caso contrário, surgirá um conflito. É muito importante que, à medida que nos desenvolvemos, também almejemos a harmonia.

O que há por trás desses dois princípios, avanço e harmonia? Todo ser humano é filho de Deus, oriundo do coração de Deus, por isso todos somos iguais e temos o mesmo valor. Essa igualdade é a origem do princípio da harmonia.

O princípio do avanço pode ser descrito como um princípio de justiça: embora a princípio todos sejam iguais, as pessoas são recompensadas com imparcialidade, de acordo com seus esforços.

Para o universo se desenvolver e prosperar, ambos os valores, o avanço e a harmonia – ou justiça e igualdade – precisam ser concretizados.[7] Todas as pessoas têm o mesmo potencial para o desenvolvi-

---

[*] As Seis Paramitas consistem num ensinamento para atingir a iluminação por meio da prática e busca das seis perfeições: doação (generosidade), observação dos preceitos (conduta), paciência (autodomínio), perseverança (esforço), meditação (contemplação) e sabedoria (conhecimento).

mento ilimitado; porém, os resultados variam de acordo com o esforço que cada uma delas faz. É dessa maneira que o mundo progride, e a Lei que governa o universo abrange tanto a igualdade quanto a justiça.

Embora todos sejam filhos de Deus, com potencial para um desenvolvimento infinito, alguns trabalham arduamente e outros não. Alguns avançam enquanto outros retrocedem. Recompensar todos igualmente não seria justo. Pense na lei de causa e efeito,[8] ação e reação, segundo a qual os resultados que você obtém são um efeito direto dos seus esforços – quanto mais você se doa, mais recebe, e vice-versa. Isso se aplica também ao princípio da justiça.

Shakyamuni acreditava na igualdade do espírito e dizia que a natureza búdica existe em todos e em tudo. Ele também explicava o conceito de justiça, ensinando que existem diferentes níveis de iluminação. Tudo o que existe neste mundo é resultado da lei da causa e efeito. Se uma pessoa é um líder nato, mas se desvia do seu caminho, acaba sofrendo proporcionalmente. Por outro lado, aqueles que começaram tardiamente receberão as bênçãos de Deus se continuarem se esforçando e executarem uma boa parte do trabalho. Esses dois princípios são a base da felicidade e da iluminação.

Se é assim, temos apenas uma direção a seguir. Todo ser humano é filho de Deus e tem a mesma proporção de natureza divina, mas a natureza divina de cada pessoa se encontra num nível diferente. Todos devemos nos empenhar para amar e respeitar a natureza divina de cada indivíduo igualmente, não importa em que nível esteja, e ao mesmo tempo nos esforçar para nos aprimorarmos. Esse é o princípio da iluminação.

Elimine as máculas do seu coração, faça com que ele recupere seu brilho original e aperfeiçoe o seu caráter. Então, dê um passo adiante e trate de levar felicidade ao maior número de pessoas possível. Que possamos corajosamente dar esse primeiro passo em direção a um aprimoramento mais profundo.

CINCO

# O Princípio do Desenvolvimento

### Reflexão como um Pré-requisito para o Desenvolvimento

O desenvolvimento ensinado na nossa organização é o progresso por meio da reflexão. Com essa base, o desenvolvimento e a prosperidade tornam-se garantidos e autênticos.

Começamos o nosso movimento com um fundamento bem forte: os lemas "Primeiro, construa fundações sólidas" e "de dentro para fora". Essas não são noções abstratas; elas incorporam os princípios básicos das nossas atividades. Muitas pessoas gostariam de criar um mundo ideal, uma utopia na Terra – não só aquelas que estão envolvidas com alguma religião, mas também as que pertencem ao setor da política, dos negócios, das artes e dos movimentos culturais. Embora elas tenham seus próprios ideais, podem não ter os pés plantados firmemente no chão. Tentam salvar e liderar outras pessoas antes de ter construído um eu interior forte, e isso cria problemas e confusão.

A ideia de estabelecer-se em primeiro lugar não é nenhuma novidade. Há 2.500 anos[1], o filósofo chinês Confúcio ensinou que, para trazer paz ao mundo, precisamos cultivar o nosso próprio eu antes de poder governar um país. O Buda Shakyamuni ensinou a mesma coisa: "Primeiro, aprimore-se". Muitos dos discípulos dele queriam difundir a Lei o mais rápido possível, mas o Buda os refreou, dizendo, "Não sejam apressados. Primeiro aprimorem o eu. Procurem se aprimorar ao longo de suas vidas. Não há fim para o autoaprimoramento. Conheçam-se e percebam quais são os seus pontos fracos. Quando transmitirem os ensinamentos para os outros, tenham cuidado para não serem arrogantes. Nunca se esqueçam de refletir sobre si mesmos; é quando vocês se esquecem de fazer isso que começam a sair do caminho".

Desde que a Happy Science teve início, conheci e observei muitos membros, ouvi suas opiniões e li suas redações. O período mais difícil para os buscadores da Verdade é o início do exercício de suas habilidades, quando começam a ser reconhecidos pelo mundo. A confiança excessiva em si mesmo é o primeiro obstáculo no caminho rumo à iluminação. A menos que você a supere, não vai conseguir continuar nesse caminho. Não se esqueça de refletir sobre si mesmo! A reflexão refreia a tendência do ser humano de ficar excessivamente entusiasmado e se deixar levar pelo sucesso.

O nosso objetivo é despertar para a Verdade sete bilhões de pessoas em todo o mundo e proporcionar alimento espiritual para as futuras gerações, que viverão daqui a dois ou três mil anos. Para evitar que nos contentemos muito facilmente, precisamos sempre nos lembrar de que só demos o primeiro passo no longo caminho até o nosso destino.

Algumas pessoas podem ser almas avançadíssimas, mas, quanto mais avançados somos, mais profundamente precisamos refletir sobre nós mesmos. Não fique presunçoso ou convencido demais. Não se apresse em se considerar uma grande personalidade. Lembre-se sempre de que as grandes personalidades precisam produzir grandes resultados.

## O Desenvolvimento pelo Caminho do Meio: A Evolução Infinita da nossa Alma

O desenvolvimento que acontece pelo Caminho do Meio compreende possibilidades infinitas de evolução. Esse desenvolvimento nunca prejudica você ou as outras pessoas e promete infinitas possibilidades de evolução e desenvolvimento.

Antes de buscar o desenvolvimento, primeiro você precisa evitar os extremos e buscar o Caminho do Meio. Evitar os extremos não significa seguir teimosamente em frente, por uma trilha estreita, sem se importar com o que aconteça. No curso de uma vida, você às vezes precisa virar à direita ou à esquerda. Pode virar à esquerda ou à direita se necessário, mas, a menos que volte ao centro, cometerá erros.

Você não é um robô ou uma montanha-russa, que corre nos trilhos; você é uma alma adiantada, que pensa e age segundo sua própria vontade. Você é criação de Deus e foi dotado de total liberdade. Como você é livre, precisa ajustar o curso da sua vida para sempre seguir na direção correta.

Você não pode passar seus dias meditando numa caverna e evitando o contato com as pessoas. Você vive em sociedade, por isso o desafio é encontrar maneiras que lhe permitam seguir o Caminho do Meio enquanto ainda vive neste mundo.

Eu mencionei que você precisa evitar os extremos. Um extremo é pensar e agir de um modo que claramente prejudique os outros. Pense, por exemplo, na raiva: com que frequência você fica com raiva? Até líderes religiosos altamente respeitados às vezes fervem de raiva quando seu orgulho é ferido. Essas pessoas ainda não conhecem o significado verdadeiro da disciplina espiritual; evitar a raiva é o primeiro estágio da disciplina espiritual dos buscadores da Verdade.

As pessoas normalmente ficam com raiva ou aborrecidas porque alguém não agiu de acordo com o que elas queriam, ou como uma reação automática à decepção; isso indica que elas ainda estão no estágio mais elementar da disciplina espiritual. Desde que eu acordei para a Verdade espiritual, nunca mais fiquei com raiva. Eu procuro não só entender os pontos de vista das outras pessoas, considerando uma situação de ambos os pontos de vista – o meu e o delas –, como também vê-la da perspectiva neutra de uma terceira pessoa. Eu pratico isso numa fração de segundo, evitando que a raiva engolfe meu coração.

Quando é dominado pela raiva, você perde o controle e diz coisas ofensivas, que refletem apenas a sua perspectiva. Se, nesse momento, você fosse capaz de levar em consideração os sentimentos dos outros, tudo seria diferente. Além disso, se pudesse imaginar que uma terceira pessoa estava observando, como os espíritos superiores no céu, por exemplo, ou Deus, você descobriria mais um ponto de vista. Depois que faz um esforço imediato para ver as coisas de um ponto de vista diferente, a raiva desaparece; esse é o primeiro passo da disciplina espiritual.

O ciúme é outro exemplo de uma emoção que prejudica as outras pessoas. Controlar o ciúme é uma das chaves da disciplina para os buscadores. Quando encontra alguém que parece mais estimado do que você, isso fere o seu orgulho. Por que isso o magoa? Quando você repara em alguém que é mais valorizado ou amado que você, você instantaneamente se sente menos amado. É a falta de amor que faz você se sentir triste e o seu coração arder de ciúme.

No entanto, você precisa se esforçar para mudar esse padrão de pensamento, porque o ciúme prejudica você tanto quanto prejudica os outros. Todo mundo tem, lá no fundo, uma imagem ideal de si mesmo, uma imagem do seu eu idealizado. A verdade é que a pessoa de quem você sente ciúme na realidade personifica a sua imagem idealizada de si mesmo. Bem no fundo, você gostaria de ser como essa pessoa, mas, como não é, não consegue suportar a ideia de que ela ocupa o lugar que você julga seu por direito.

O ciúme acaba por prejudicar o ideal que tem de si mesmo. No nível subconsciente, ele impede que você chegue mais perto da imagem ideal que tem de si mesmo e o arrasta para a direção oposta.

As pessoas ciumentas tendem a atribuir a causa do seu problema aos outros, em vez de refletir sobre si mesmas. A causa do problema delas, porém, é a falta de generosidade em aceitar aqueles que são mais estimados do que elas. Elas não confiam de verdade em si mesmas. Essas pessoas sabem muito bem que não realizaram nada que mereça o reconhecimento das outras pessoas; no entanto, elas ainda assim querem ser elogiadas. Existe uma lacuna entre o seu ideal e a realidade.

Para preencher essa lacuna, muitos tentam chamar atenção. Por exemplo, aparecem na televisão ou ficam famosos e se tornam o centro das atenções. Outros tentam preencher a lacuna se tornando líderes espirituais. As pessoas que preferem essa opção já desistiram do sucesso mundano, mas ainda têm esperança de ficar sob os holofotes num grupo espiritual e ganhar respeito. Algumas dessas pessoas já procuraram o nosso grupo, querendo ser reconhecidas como grandes líderes espirituais.

Essas pessoas precisam primeiro refletir sobre o que causou seu ciúme. Se elas confiassem no seu próprio valor, não se importariam com o que as outras pessoas dizem, mas elas estão vazias por dentro e tentando compensar essa sensação de vazio. O que essas pessoas deveriam fazer? Uma maneira de adquirir confiança em si é perseverar com afinco na disciplina espiritual, dia após dia. O esforço diário é muito importante. Você não pode esperar superar seu complexo de inferioridade ou apagar sentimentos negativos instantaneamente com um sucesso superficial. Seja em meio a elogios ou a críticas, você precisa se apegar ao seu eu inabalável e se observar com tranquilidade.

## Partindo de uma Consciência Comum

Muitas pessoas são especialmente talentosas. Talvez você conheça alguém no trabalho que parece nunca cometer erros, que parece inteligente e espirituoso ao conversar, que é um funcionário eficiente, é atlético e tem vários atributos. Sempre existe alguém assim em todos os locais de trabalho, alguém que sempre demonstra grande talento e desperta a inveja nos outros. Na presença dessa pessoa, você pode até se sentir um pouco inferior.

Eu trabalhei com um homem assim. A princípio, tive inveja das suas habilidades, mas depois de um tempo percebi que ele estava sempre fazendo o máximo para impressionar, e só ficava satisfeito quando ouvia as pessoas dizendo, "Ele não é incrível?" Lá no fundo, ele era solitário. Pessoas desse tipo precisam de reconhecimento. Elas acham que, se parecerem superiores e extremamente talentosas, serão reconhecidas.

Eu convivi com esse colega de trabalho, mas ele não parecia sincero, por isso não era uma pessoa muito agradável. Esse tipo de pessoa detesta demonstrar até a mais ligeira fraqueza, ou revelar aos outros qualquer parte de si mesmo que o faça se sentir inferior, por isso tenta se proteger com uma carapaça. Em consequência, seu coração está sempre agitado, cheio de ansiedade e irritação.

Embora seja importante ter uma visão ampla e uma extensa gama de experiências, aqueles que são bons em tudo acabam levando uma vida solitária. Embora a vida deles possa parecer maravilhosa aos olhos dos outros, nem sempre ela lhes dá satisfação. Todo mundo pode aplaudi-los, mas eles não parecem satisfeitos. Ao ver isso, eu preferi ter uma vida que me permitisse ser feliz, em vez de uma vida que todo mundo admirasse.

Até certo ponto, pode ser importante conseguir abrir mão de alguns talentos. Você pode ter ficado decepcionado ao me ouvir falar isso no capítulo sobre o desenvolvimento, mas o que conduz ao desenvolvimento é estar consciente de que você é uma pessoa comum. Todo mundo dispõe de 24 horas por dia; isso é igual para você e para mim, e para todos deste mundo. As pessoas raramente vivem mais de cem anos. Quando você acorda pela manhã, tem 24 horas à sua disposição; todo mundo vive nesse mesmo esquema. Enquanto você viver dentro dessas limitações, não pode esperar se tornar um gênio onisciente que se sobressaia em todos os assuntos.

Existiram gênios como Leonardo da Vinci, mas muito poucas pessoas podem viver como ele viveu. Temos de começar com a consciência de que somos pessoas comuns. Você pode se perguntar se foi um grande anjo de luz numa vida passada, mas, embora esse pensamento possa ser útil para lhe dar entusiasmo, é importante começar com a consciência de que você é uma pessoa comum. Só quando parte de um ponto de vista comum você consegue avançar de modo contínuo e incessante na vida.

## Moderna Interpretação do Caminho do Meio

*Oitenta por Vinte*

A menos que você se concentre no que realmente faz vibrar a sua alma e está de acordo com seus ideais interiores, desperdiçará muito tempo e energia na vida. Isso não será problema caso você tenha talentos ilimitados, mas para a maioria das pessoas é essencial priorizar seus recursos limitados de tempo. Essa é a chave de uma vida de sucesso.

Eu era funcionário de uma empresa de comércio exterior; enquanto trabalhava lá, tomava cuidado para não ficar totalmente absorto em questões pouco importantes. Nos últimos anos em que trabalhei lá, meu principal interesse eram os estudos espirituais, por isso decidi investir 80% da minha energia no estudo sobre a Verdade e os 20% restantes, na busca de experiências mundanas. Eu utilizava 20% da minha energia experimentando coisas que não podia vivenciar num mundo apartado da sociedade.

No Japão, os funcionários de uma empresa de comércio exterior normalmente jogam golfe uma vez por mês, em encontros de negócios ou por lazer, e eu não me eximia dessa obrigação social. No entanto, nunca me deixei ficar inteiramente absorto numa partida – era só uma concessão que eu fazia. Não estava muito interessado em passar do nível iniciante, pois assim não precisaria desperdiçar muito tempo praticando.

O mesmo se aplicava a outros esportes. No secundário, eu praticava Kendo, uma arte marcial japonesa, e cheguei a um nível bem adiantado. Na universidade, a prática poderia ter me levado a um nível mais elevado ainda, mas, quando vi quanto tempo teria que investir nessa arte, em detrimento das minhas outras atividades, decidi não me dedicar mais a ela. Eu jogava tênis, também, e era o capitão do time de tênis da minha empresa, mas também não me deixava envolver profundamente nesse esporte.

Eu fazia muitas outras coisas, mas minha postura básica era encontrar um meio-termo e apenas atingir um nível razoável. Nunca senti necessidade de ser bom em tudo, mas eu era suficientemente sociável para me dar bem com as outras pessoas. Dedicava 80% da minha energia à minha vocação e 20% a outras experiências, mas nunca me envolvia intensamente em atividades que não achava particularmente significativas. Mais importante é focar no essencial.

Depois que se capta o essencial, você está no caminho para o sucesso ilimitado. É por isso que é possível fazer um esforço constante para obter o que você acha que vale a pena, dedicando-se incansavelmente a algo durante cinco, dez ou vinte anos. Por outro lado, você não pode continuar fazendo algo que não tem significado para você.

Se você nasceu neste mundo com um número limitado de habilidades, não precisa desistir de buscar a parte da sua alma que é mais talentosa, atraente, maravilhosa. Você precisa se empenhar para prolongar ao máximo o que é melhor para você. Se o dia só tem 24 horas, tire o máximo proveito dessas horas para viver a melhor vida possível. Essa é uma das aplicações do Caminho do Meio nos tempos contemporâneos.

Os buscadores da Verdade não podem viver neste mundo com nenhum outro interesse que não seja a Verdade. Concentrando-se somente na Verdade, você talvez conseguisse proteger seu reino interior[*]; no entanto, não teria oportunidade de ser influenciado pelas outras pessoas ou de influenciá-las. Eu não espero que você viva em reclusão, como um filósofo; se quisesse viver desse jeito, teria sido melhor permanecer no reino celestial. No entanto, você decidiu nascer neste mundo, o que significa que decidiu nutrir a sua alma por meio de relacionamentos com outras pessoas.

Quanto mais você se aprimorar, maior será a influência que exercerá sobre as outras pessoas. Até mesmo nas experiências que lhe parecerem perda de tempo, procure encontrar a pérola que aprimorará a sua alma. É uma tolice desperdiçar todo o seu tempo em coisas que não o interessam, mas também não é correto dedicar 100% do seu tempo só aos seus próprios interesses, pois você perderá a oportunidade de influenciar outras pessoas.

Eu dou palestras regularmente, mas gostaria de poder falar com mais gente. No entanto, a ideia do Caminho do Meio se aplica ao meu estilo de vida também. Eu não vivo só para mim mesmo ou só para os outros. Tenho tempo suficiente para mim, mas sempre gosto de ter oportunidade de encontrar e influenciar o maior número de pessoas possível, e de ser influenciado por elas.

Passo 80% do meu tempo aprimorando-me e os 20% restantes, encontrando pessoas. Talvez essa proporção lhe pareça estranha. Talvez você pense que, se eu realmente quisesse transmitir a Verdade e salvar tantas pessoas quanto possível, eu deveria passar 24 horas por dia encontrando pessoas. No entanto, a ideia de passar todo o meu tempo encontrando pessoas se compara à de um velocista *versus* um maratonista. Você pode ser capaz de correr cem jardas a toda ve-

---

[*] Todo mundo tem livre-arbítrio e completa autonomia para governar seu próprio coração. A utopia começa dentro do coração de cada pessoa, quando essa pessoa consegue controlar o coração e manter a paz de espírito.

locidade, mas nesse ritmo não conseguirá terminar a longa maratona da vida. Primeiro, encontre uma base de sustentação para si mesmo, e depois tenha como objetivo aos poucos exercer influência sobre as outras pessoas.

### *Acumulando Conhecimento e Sabedoria sob a Superfície*

É importante reservar um tempo para planejar e se preparar para o futuro, e não gastar todo o seu tempo e energia no presente. Eu pratico essa estratégia porque ensino a Verdade. Não importa o quanto estude com afinco o coração humano, eu nunca terei estudado o suficiente.

Você pode estar cheio de entusiasmo e paixão para transmitir a alegria de conhecer a Verdade a tantas pessoas quanto possível, mas não pode se esquecer de acumular força interior e recarregar-se. Se você não der atenção a isso, logo se deixará levar pelos seus relacionamentos com as outras pessoas. Se você expuser 100% do seu ser aos outros, pode se sentir abalado com as opiniões que eles têm sobre você e ser influenciado por elas. Em vez disso, procure revelar apenas 10 a 20% de si mesmo aos outros, como a ponta de um iceberg; os outros 80 a 90% devem permanecer nas profundezas do seu ser, bem abaixo da superfície. Somente quando há uma parte de você abaixo da superfície, garantindo a sua estabilidade, você consegue resistir às ondas bravias da vida. Se a parte acima da superfície representar todo o seu ser, você pode se ver lançado de um extremo a outro. Não se preocupe demais com o que há acima da superfície. Em vez disso, confie na parte do "eu" que se encontra abaixo da superfície e não fica aparente.

Quanto do seu ser você mantém reservado, abaixo da superfície? Se subtrair a parte de você que está exposta, aquela que os outros apreciam, o que mais restará? O que resta depois que você se afasta do seu trabalho ou da família? Se remover as partes de você que os outros tanto prezam, o que permanecerá? Quanto maior se tornar a base oculta sob as águas, mais estável será o iceberg; ele não oscilará em meio às ondas revoltas. Desse modo você desenvolverá um coração inabalável.

O cultivo do eu sob a superfície é também um método para seguir o Caminho do Meio. Se revelar quase todo o seu ser aos outros e não confiar nas partes reveladas, você ficará com raiva, enciumado e ressentido com as observações negativas que eles fizerem a seu respeito. Se, por outro lado, estiver absolutamente confiante dos 80 a 90% de você que permaneceram ocultos, você não se deixará dominar pelas emoções nem ficará hostil diante do criticismo. Você é dominado pelas emoções simplesmente porque se agarra ao ego e pensa apenas em si mesmo. Se você realmente se importa consigo mesmo, cultive e expanda o seu eu interior.

Eu disse anteriormente que um método para seguir o Caminho do Meio é investir 80% da sua energia nas áreas que mais o interessem e 20% em experiências variadas. Em outras palavras, você deve desenvolver a parte do iceberg que está abaixo da superfície, para que ela estabilize a sua vida e o conduza ao Caminho do Meio. É importante que você construa um alicerce sólido para a sua vida. Com isso, você será capaz de enfrentar quaisquer ventos e ondas que encontrar.

### *Sempre em Frente!*

O terceiro método para seguir o Caminho do Meio é seguir sempre em frente. Quando você andou de bicicleta pela primeira vez, provavelmente se perguntou como era possível andar num veículo tão instável. Você pode ter pensado, "Como vou fazer para não cair andando apenas sobre esses dois pneus tão finos! Para um veículo ser estável, normalmente é preciso que ele tenha quatro ou pelo menos três rodas; no entanto, alguém inventou a bicicleta e, de algum modo, as pessoas conseguem se equilibrar sobre ela".

A bicicleta cai assim que paramos, mas tão logo a colocamos em movimento, ela se equilibra. Eis aí o segredo: para manter o equilíbrio e perceber os seus ideais, enquanto trilhamos o Caminho do Meio, você precisa manter sempre o movimento para a frente. Só quando está avançando de maneira estável, você consegue evitar os extremos e seguir pelo Caminho do Meio. Seguir pelo Caminho do Meio não significa ficar parado, sentado, sem fazer nada. O Caminho do Meio é um caminho onde avançamos e nos desenvolvemos.

# A Reflexão como um Método para Seguir o Caminho do Meio

## O Verdadeiro Significado da Reflexão

Existem três componentes necessários para você seguir o Caminho do Meio. O primeiro é dedicar 80% do seu tempo e energia aos seus principais interesses, o segundo é construir uma base sólida sob a superfície e o terceiro é continuar seguindo em frente.

Também existe um meio mais tradicional para seguirmos o Caminho do Meio: a reflexão. Quando reflete sobre si mesmo, você precisa saber que, nas profundezas do seu ser, está o eu verdadeiro, que reluz como um diamante. Refletir sobre si mesmo não significa concentrar-se somente nas suas falhas ou corrigir os erros que cometeu, com base na suposição de que os seres humanos nasceram pecadores. Antes, significa usar vários métodos e checagens para descobrir o eu resplandecente que existe no fundo do seu ser. Não se esqueça de que a sua natureza essencial faz parte de Deus, e que você está ligado a Ele. Existe um tubo dourado em seu interior pelo qual a luz dos espíritos superiores flui diretamente até você.

Primeiro, compreenda que, no seu interior, a sua natureza é maravilhosa e radiante. Então, com esse conhecimento, empenhe-se para eliminar os detritos que obstruem o tubo. Depois de praticar a reflexão, você deve começar a irradiar luz. Se você só vê seus defeitos e se sente infeliz, não encontrou a sua verdadeira essência como filho de Deus.

Você precisará de outra pessoa que lhe dê cuidadosas instruções individualmente, mas o objetivo da reflexão não é fazer você se sentir pecador ou infeliz. Por meio dela, espero que você se sinta leve e purificado, como se sente quando limpa a sujeira do seu corpo físico. Você precisa reconhecer que você é, na realidade, afetuoso, lúcido, gentil e maravilhoso.

Um dos métodos para eliminar a sujeira é seguir os Oito Corretos Caminhos.

*Correta Visão*

Em primeiro lugar, vem a Correta Visão, isto é, ver as coisas corretamente. Mas o ato de "ver" não é uma coisa simples. Você vê a si mesmo e os outros de uma certa maneira, e as outras pessoas veem você e os outros de modo diferente. No entanto, você pode viver anos a fio sem ter consciência dessa discrepância na percepção. Uma pessoa pode perceber a si mesma como alguém sem valor, apesar do apreço dos outros. Essa pessoa não vê corretamente. Por outro lado, outra pessoa pode superestimar suas capacidades e não ter nenhuma consciência das críticas feitas pelas outras pessoas. Quando você identifica só o que os olhos físicos veem, o seu ponto de vista se torna inflexível.

Tente olhar as coisas a partir de uma perspectiva exterior a você.

Superestimar as suas capacidades torna você arrogante, mas subestimar-se também não é correto. É essencial se ver corretamente. Para tanto, você precisa entender muitos pontos de vista diferentes e manter uma percepção equilibrada de si mesmo. Mesmo que alguém fale mal de você, haverá outros que o terão em alta conta. O pensamento equilibrado funciona como uma rede de segurança na sua vida.

A tendência humana é adotar uma atitude tipo tudo ou nada, e tendemos a ir a extremos, ou pensando que somos amados por todos ou, então, detestado por todos. Contudo, é impossível que alguém seja detestado por todos ou estimado por todos.

*Correto Pensamento*

Os Oito Corretos Caminhos também incluem a prática do Correto Pensamento. Isso é difícil, mas muito básico. Muitas pessoas não estão conscientes de que o que elas pensam na verdade determina quem elas são. Elas se identificam com seu status social, o nome que está na sua carteira de motorista, a escola em que se formaram ou a empresa em que trabalham. Algumas se identificam com os comentários de aprovação dos outros. No entanto, nenhuma dessas pessoas está correta.

O filósofo e imperador romano Marcus Aurelius escreveu em *Meditações* que os pensamentos de uma pessoa revelam quem ela é. Mais recentemente, o poeta e filósofo americano Ralph Waldo Emerson também explorou esse tema. O campo da psicologia utiliza esse conceito para ajudar as pessoas que estão vivendo neste mundo, e de fato ele é verdadeiro. No outro mundo, para onde vão todos depois da morte, não há mais nada a não ser pensamentos; o que você pensa é o que você é. No outro mundo, se você sente que tem um corpo físico, é porque imagina que tem um; em essência, os atributos físicos como braços, pernas, boca e até cérebro não existem. O pensamento é a única coisa que existe lá. Os seus pensamentos determinam tudo.

Por meio do ciclo eterno das reencarnações,* aprimoramos nosso modo de pensar. Se você entender o Correto Pensamento, pode completar em torno de 80% da sua disciplina espiritual nesta vida. No entanto, a maioria das pessoas não considera com seriedade os próprios pensamentos, nem sequer está consciente do que está na verdade pensando. Elas vivem cada dia sem prestar atenção à importância dos pensamentos, e só fragmentos de pensamentos passam a esmo pela cabeça delas. Por exemplo, elas pensam no que gostariam de comer no almoço, depois da refeição pensam que estão com sono ou acham que precisam de um café para despertar. Se apenas pensamentos aleatórios passam pela sua cabeça, isso indica que você não entende realmente o que os pensamentos significam.

Num dia, você tem pelo menos dezesseis horas para pensar. Já refletiu sobre esses pensamentos? O que passa pela sua cabeça durante essas dezesseis horas? Nada? Algumas emoções? Os seus pensamentos podem girar em torno de uma certa preocupação, como dinheiro, sua família, seu trabalho ou seu chefe, e você pode passar todo o seu tempo se preocupando com isso. Está correto perder o seu tempo assim? Se os seus pensamentos são a coisa mais importante que há, está correto simplesmente deixar que eles se sucedam a esmo?

Examinar os seus pensamentos é uma parte importante da prática da reflexão. Todo dia você precisa reservar um tempo para examinar os pensamentos que teve durante o dia; por meio dessa prática você descobre o seu verdadeiro estado. Se você descobrir que passou as suas dezesseis horas cheio de pensamentos edificantes, isso é porque a sua

---

* Às almas dos seres humanos é concedida a vida eterna e elas passam por várias reencarnações. Vêm a este mundo, a partir do outro, para se purificar e aperfeiçoar-se.

alma está de fato extremamente aprimorada. Se os seus pensamentos são cheios de amor e compaixão, você é de fato excepcional. Se você fizer uma retrospectiva dos seus pensamentos todos os dias e perceber que eles estão sombrios, isso significa que a sua alma ainda não está purificada.

Mas, uma vez mais repito, você não deveria adotar uma atitude do tipo tudo ou nada. É quase impossível ter apenas bons pensamentos. Num dia comum, você provavelmente tem pensamentos bons e ruins. Mas sempre que tiver pensamentos negativos, é importante que os disperse e os faça voltar à direção correta.

Muito poucas pessoas conseguem ter apenas pensamentos positivos, por isso sempre examine os seus pensamentos, como se eles estivessem numa caixa de vidro transparente. Embora possa ser difícil, você pode corrigir os pensamentos negativos que lhe ocorrerem e isso purificará o seu coração. Depois que entender esse processo, é essencial praticá-lo todos os dias.

## A Reflexão Conduz ao Desenvolvimento

Neste capítulo sobre o princípio do desenvolvimento, o foco é o desenvolvimento espiritual através do Caminho do Meio. Isso está estreitamente relacionado com a Correta Dedicação e a Correta Mentalização, que fazem parte dos Oito Corretos Caminhos.

### Correta Dedicação

Eu já enfatizei a importância de nos esforçarmos. Mesmo que você inicie a jornada como uma pessoa comum, com sua dedicação diária e constante, você será capaz de manifestar um futuro brilhante. Não importa o quanto você possa ser vagaroso ou sem qualidades especiais, por meio do esforço diário você poderá ser grandioso no futuro.

Existem pessoas que têm habilidades, talentos e uma inteligência maravilhosa e, em questão de um ano ou dois, elas conseguem atingir a maestria num campo em particular. Se você é uma pessoa comum, pode chegar ao mesmo ponto em cinco ou dez anos. Não invejo aqueles que são talentosos e conseguem dominar um assunto em menos tempo, pois sei que eu sem dúvida também posso chegar ao mesmo nível deles, se me esforçar cinco ou dez vezes mais. Além disso, mesmo que demore mais tempo, eu posso desfrutar alegremente desse processo de busca pela realização do meu objetivo.

Se você acha que não é especialmente inteligente, seja grato por ter a oportunidade de estudar por um tempo maior. Se você tem consciência de que é uma pessoa comum, suas realizações lhe trarão muito mais alegria. Portanto, quanto menos capaz você se sentir, mais profunda deverá ser a sua gratidão; você tem um grande potencial que se realizará por meio de um constante esforço. Essa é uma maneira de entender o caminho da Correta Dedicação.

## Correta Mentalização

Correta Mentalização significa usar a força de vontade de maneira correta, o que está estreitamente ligado à autorrealização. Dependendo de como você cultiva os seus ideais e de como os concretiza, a sua força de vontade pode causar problemas ou pode ser a chave para o seu sucesso na vida.

Nos dias de hoje, a autorrealização é um tema muito popular; talvez você já tenha estudado sobre isso em livros e seminários. No entanto, o objetivo da maioria das teorias de autorrealização parece consistir em ganhar a admiração das outras pessoas ou obter sucesso material. O novo conjunto de valores que a Happy Science está promovendo incorpora a perspectiva de Deus e dos espíritos elevados. Se você tem algum conhecimento da Verdade, almeje pela verdadeira autorrealização, que deverá estar de acordo com os ideais de Deus, em vez do superficialismo pelo sucesso material. Lembre-se disso sempre que desejar atingir algum objetivo.

Um número cada vez maior de pessoas está ingressando na nossa organização, e muitas delas dizem que querem fazer algo para nos ajudar em nosso trabalho de divulgar a Verdade. Eu aprecio esse entusiasmo e ideais elevados, mas às vezes eles estão um pouco mal-orientados. Você deve transmitir a Verdade pensando em Deus, não pensando em satisfazer seus desejos pessoais. O ponto de partida é sempre a consciência de que somos voluntários buscando realizar os ideais de Deus.

Eu dei início a este movimento para realizar os ideais de Deus, não para atingir meus objetivos pessoais. É bom ter ideais elevados, mas, quando tentar atingi-los, não faça isso de uma perspectiva equivocada. Não tire vantagem deste movimento para atingir sua autorrealização ou a fama neste mundo. Os ideais de Deus vêm em primeiro lugar; depois, nós, como parte de um grande rio, fluímos em direção aos ideais divinos. Nunca se esqueça do seu papel como uma gota d'água nesse rio.

A Correta Mentalização, ou a manutenção de uma grande força de vontade, é um dos princípios do sucesso e do desenvolvimento.[2] Mas lembre-se sempre de que o objetivo final do desenvolvimento verdadeiro deve ser o coração de Deus, e que esse coração representa o desenvolvimento supremo do amor.

### Amor, Oração e Autorrealização

Se você almeja realizar um ideal, a oração é importante. Ela pode ser utilizada para se alcançar o verdadeiro desenvolvimento. No entanto, as suas orações não devem ser apenas pela sua própria felicidade; você deve orar para se aproximar mais dos ideais de Deus, os ideais supremos, e para ser capaz de agir de uma maneira que ajude na realização desses ideais divinos. Nunca reze pelas razões erradas; nas suas orações, peça aos espíritos elevados para levá-lo a servir a Deus com devoção.

Esforce-se para atingir a verdadeira autorrealização e o verdadeiro sucesso praticando o amor e a oração da maneira correta. Deus é o desenvolvimento máximo do amor. Todos vivemos no fluxo de um grande rio de amor e estamos avançando, num ritmo constante, em direção a Ele. O amor é tudo: vida, luz e energia. Essa consciência é a base da oração para realizar grandes ideais.

Acima de tudo, faça um esforço constante para refletir sobre si mesmo, para construir um eu vigoroso e para seguir o Caminho do Meio. Por intermédio desse esforço, amor ilimitado e o estado de pureza na oração serão atingidos e um caminho para o verdadeiro sucesso se manifestará à sua frente. Vamos trilhar juntos o caminho que leva ao verdadeiro sucesso.

SEIS

# O Princípio do Conhecimento

## A Base do Aprendizado

Desde a fundação da Happy Science, vivo ocupado, administrando a organização, ouvindo as preocupações dos membros, ponderando os problemas sobre os quais meus leitores me escrevem e estudando e expondo as Leis. Não estou apenas ensinando as pessoas, mas tenho também a oportunidade de aprender muito com elas.

O conhecimento é o terceiro princípio da felicidade, e eu tenho falado e escrito sobre as muitas formas que ele assume. Existem diferentes níveis de aprimoramento e diferentes escalas de conhecimento, e elas produzem diferentes efeitos.

Eu passo grande parte do meu tempo estudando o tema do conhecimento, e criei a teoria dos estágios de desenvolvimento do conhecimento, sobre os quais comentarei posteriormente. A investigação intelectual há muito tempo tem sido um dos meus principais interesses. Sempre que mergulho dentro de mim, sinto um forte desejo de me aprimorar, e fico muito tempo meditando sobre como aproveitar esse ardente entusiasmo. Durante anos, busquei respostas em várias filosofias e maneiras de abordar a vida. Durante esse período, comecei a perceber que o conhecimento é o resultado das minhas próprias experiências, e as minhas experiências estão refletidas nos métodos de ensino da Happy Science.

A disciplina espiritual não é algo que se adquira simplesmente sentando-se no alto de uma montanha e meditando, ou buscando obsessivamente por poderes sobrenaturais. Então, como os buscadores da Verdade poderiam aprimorar a alma sem ter que renunciar ao mundo? Para descobrir um método, precisamos pensar nas maneiras pelas quais o conhecimento se relaciona com a disciplina espiritual.

Em nosso mundo, o conhecimento é extremamente valorizado em todos os setores da vida. No entanto, existe uma tendência para valorizar o estilo e o formato do conhecimento, sem o entendimento da sua verdadeira essência.[1] Ao longo dos meus anos de estudo, passei a entender o que há por trás do conhecimento, e descobri um método de disciplina espiritual que é seguro e apropriado para um uso mais amplo.

Se você apenas buscar e acumular o conhecimento que outras pessoas já descobriram e apresentaram, não conhecerá a verdadeira bênção que o conhecimento pode trazer. Se não se contentar apenas em receber conhecimento e for além, explorando profundamente o coração humano, você descobrirá a fonte da sabedoria humana.[2] Uma vez alcançado esse manancial, você sentirá um poder infinito jorrando de dentro de você. O poder da sabedoria que flui das profundezas dessa fonte o torna apto a resolver qualquer dificuldade na vida, como uma grande espada que surge para cortar um nó que não poderia ser desfeito, como o nó górdio.*

Pelas milhares de cartas que recebi do mundo todo, parece claro que muitas pessoas não entendem a exata natureza das dificuldades que enfrentam, não sabem como resolvê-las e muito menos como transformá-las em algo melhor, ou mais elevado, que as leve à felicidade. Eu percebi o quanto é importante ter uma sólida base intelectual – uma certa dose de conhecimento interior – e essa constatação levou-me a desenvolver os atuais métodos de ensino da Happy Science.

Eu tinha uma ânsia por conhecimento que começou a se manifestar quando tinha 19 ou 20 anos, como uma fonte inesgotável que jorrava continuamente do fundo do meu ser. Na juventude, sempre tive

---

* Em 1579, Górdio, o rei da Frígia, fez um nó tão complicado que só pôde ser desfeito pelo futuro regente da Ásia, Alexandre, o Grande, que o cortou com sua espada.

duas grandes paixões – uma paixão por aprender e uma paixão por usar esse aprendizado para um propósito maior. Eu não sabia da minha missão nem do meu futuro trabalho, por isso, dominado por essas paixões, dediquei toda a minha energia para me desenvolver intelectualmente.

Fazendo uma retrospectiva desses anos, percebo que muitos dos livros que optei por ler continham palavras e pensamentos de espíritos elevados que posteriormente transmitiram-me mensagens espirituais. Eu os escolhia natural e instintivamente, como um salmão nadando rio acima, de volta ao seu lugar de nascimento. Nessa época, um dos princípios básicos que me conduziam era "Não se sinta satisfeito enquanto não estiver totalmente convencido". Nunca achei que tinha entendido algo antes de estar profundamente convencido disso nos mais profundos recessos do meu coração. Até que eu tivesse digerido o assunto completamente, nunca parava de estudar nem me contentava com as minhas conclusões.

Dediquei-me a muitos campos diferentes de pensamento e estudo. Pesquisava literatura, belas-artes, ciência, filosofia, religião, poesia, administração de empresas, direito, política, economia e negócios internacionais. Buscava incansavelmente a grande sabedoria da humanidade, que continua a brilhar como um diamante, apesar da passagem do tempo.

Eu pensava em continuar na universidade e me tornar acadêmico, mas abandonei essa ideia porque me sentia insatisfeito com os estudos acadêmicos apenas. O mundo acadêmico hoje parece ter seu próprio conjunto de regras, e os estudiosos fazem pesquisas só dentro desse sistema de regras. No mundo acadêmico, análise e objetividade são extremamente valorizadas, e a abordagem acadêmica de Max Weber ainda prevalece nas pesquisas modernas tradicionais. Na realidade, antes de apresentar uma ideia original, a pessoa precisa investigar, citar livros e documentar ideias relevantes já apresentadas por outras pessoas.

Enquanto observava o sistema acadêmico vigente, eu percebi que ele era como um mundo dentro de um caleidoscópio. Parece mágico e bonito, mas, além da aparência superficial, o mundo mágico é simplesmente um pedaço de papel, não é real. Como eu mantinha a postura de estudar tudo até me convencer totalmente da validade de uma ideia e fosse capaz de entendê-la profundamente, a maioria dos estudos acadêmicos da época começaram a perder o brilho diante dos meus olhos.

Meus vários livros sobre questões espirituais continham muito poucas fontes de referência. Eu revelava apenas o que eu mesmo tinha investigado, meditado a respeito e praticado até obter completo entendimento. Todas as ideias que os meus livros continham, tocavam a minha alma e irradiavam uma luz brilhante dentro de mim. Essa luz brilhante é o reflexo da minha própria luz interior e dos meus pensamentos. Nunca falei ou publiquei nada do qual não estivesse totalmente convencido ou que não tivesse compreendido plenamente. Esse foi o ponto de partida da Happy Science.

Nas minhas palestras e livros atuais, eu ainda continuo a seguir a mesma política de não revelar mais de 10% do que aprendo. Acredito que preciso manter os outros 90% em segredo para manter a credibilidade, por isso, quanto mais livros escrevo e mais palestras faço, mais é necessário que eu estude e medite sobre o assunto. Somente o que apreendemos com o coração, e não simplesmente com o cérebro, torna-se um verdadeiro alimento para a alma.*

Existe muito para ver e ouvir nesta vida, mas, com o tempo, grande parte passará e se dissipará. Uma imensa quantidade de informações é produzida todos os dias, mas, no final, a maior parte delas simplesmente desaparecerá sem deixar rastro. Quando você, por fim, deixa este mundo, só pode levar com você o que tocou o fundo da sua alma. Isso é o que forma o seu caráter.

Muitas pessoas vivem e trabalham no mundo do conhecimento, mas poucas estudam o que está sob a superfície. A menos que vá além da superfície e capte o verdadeiro significado por trás das palavras, você não poderá obter poder de verdade, nem levar esse conhecimento com você para o outro mundo.

Isso vale para os textos em qualquer língua, seja o japonês, o inglês ou qualquer outra língua. Quando leio livros escritos numa língua estrangeira, alguns tocam meu coração, enquanto outros não me como-

---

* Esse alimento para a alma são o conhecimento e as experiências essenciais ao desenvolvimento.

vem de maneira nenhuma. Embora o inglês não seja minha língua nativa, existem textos nesse idioma que me tocam profundamente. Os escritores usam palavras que não envelheceram com o tempo, palavras que fazem parte da língua inglesa há séculos. É por isso que essas obras inspiram até leitores cuja língua natal não é o inglês.

Publiquei muitos livros escritos num japonês simples, que toca o coração dos meus leitores. Embora o conteúdo desses livros seja de uma ordem superior, eles são escritos numa linguagem singela, usando palavras que resistiram à passagem do tempo e provaram ser dotadas de um "espírito". Existe muita sabedoria nesses escritos, mas seu estilo é simples. Eu posso escrever desse modo porque nunca enganei a mim mesmo. Eu estudo todas as coisas exaustivamente, até me convencer da sua validade e poder expressar o que entendi de maneira fácil e natural.

As palavras daqueles a quem falta essa profundidade de sabedoria são simplesmente uma mostra de vaidade, um fluxo de frases sem sentido. As livrarias estão cheias de livros pouco inspiradores, escritos por autores interessados apenas no significado superficial das palavras ou num arranjo bem-acabado de palavras como símbolos. Esses autores não atingiram as profundezas da língua nem descobriram o espírito das palavras.

Eu aceito apenas aquilo que entendo plenamente, e faço dessa política a base da minha vida intelectual. Você pode estudar usando minhas palestras, mas eu não posso fazer o mesmo, porque raramente aceito ou concordo plenamente com o que dizem outros palestrantes. Se um orador buscasse a verdade da mesma maneira que eu, o coração dele e o meu vibrariam em sintonia, mas isso raramente acontece. Por essa razão, eu me empenhei muito para desenvolver meus próprios ensinamentos.

As obras clássicas da literatura, que são consideradas obras-primas, podem ser classificadas de acordo com o nível de Verdade que incorporam, mas muitas pessoas não conseguem diferenciar os vários níveis de Verdade. Algumas obras-primas de fato foram escritas por anjos de luz, enquanto outros trabalhos estão em sintonia com as vibrações do inferno. No entanto, todas são tidas como literatura de primeira qualidade. As obras literárias geralmente são avaliadas pelo enredo e pelo estilo, mas precisamos descobrir o que existe por trás da técnica superficial.

Eu li muitos romances, e suponho que os autores estejam revelando suas próprias ideias, assim como estou fazendo agora. Isso os torna responsáveis por atrair ou não o interesse do público, esclarecer as pessoas e resistir à passagem do tempo. Se os autores não levam esses pontos em consideração, suas obras só merecem ser lidas como um passatempo. Quando você lê um livro, precisa prestar atenção no que está escrito nas entrelinhas e ir além do brilho da capa para descobrir a essência da mensagem do escritor.

Isso se aplica não só à literatura, mas também aos estudos acadêmicos. Você precisa ir além da ostentação, dos adornos, das convenções e regras para encontrar a essência da mensagem do pensador. A questão é se o conceito central do livro, caso seja resumido a uma página, contém a Verdade. Não importa quantos livros um escritor tenha escrito; se a mensagem central está errada, eles não têm absolutamente nenhum valor.

Na Happy Science, temos muitos seminários e provas para estimular o desenvolvimento espiritual, e eu já li muitos textos escritos pelos membros. Sempre me surpreendo com a baixa qualidade dos textos escritos por membros cuja profissão requer capacidade intelectual; muitas dessas pessoas estão preocupadas demais em demonstrar uma boa redação para expressar com sinceridade o que pensam. Eu sempre peço aos membros para expressar o que eles descobriram, o que realmente entenderam e o que realmente querem dizer numa linguagem clara, que até crianças poderiam entender. Mas normalmente as pessoas não conseguem escrever desse jeito; elas ainda não mergulharam fundo o suficiente em seu mundo interior ou não confrontaram a si mesmas com seriedade.

Se você tem um desejo sincero de buscar conhecimento, precisa ser sincero consigo mesmo. Dispa-se de toda pretensão e vaidade, depois confronte as ideias de outras pessoas e tire suas próprias conclusões. Nesse processo, você encontrará muitas pessoas, ouvirá muitos argumentos e encontrará muitos problemas, todos testando a força das suas convicções. Se os seus pensamentos não passarem de presunção, eles serão varridos como poeira pelo vento. Mas, se os seus pensamentos estiverem firmemente enraizados e vierem do fundo do seu ser, eles serão inabaláveis. Por meio de várias experiências, os seus pensamentos aos poucos vão adquirir um brilho cada vez maior.

Portanto, se você deseja adquirir uma sabedoria profunda e duradoura, primeiro abra o coração. Se buscar conhecimento só para impressionar as outras pessoas, esse conhecimento o levará a um labirinto. Enquanto você continuar a estudar dessa maneira, embora possa acreditar que está no caminho da grandiosidade e da iluminação, estará apenas se enganando. Se estuda muitas horas por dia e acumula conhecimento, verifique se consegue explicar o que aprendeu numa linguagem fácil.

Se realmente entendeu um livro que fala a Verdade, você será capaz de explicar o seu conteúdo de maneira simples e concisa. Se não conseguir, é porque ainda não o compreendeu. Quando conseguir falar com desembaraço sobre um tema pelo breve intervalo de cinco minutos ou por dez longas horas, então pode dizer que realmente entendeu do que se trata esse livro.

Se continuar a fazer leituras com esse nível de entendimento, não importará mais para você quem diz o que e em que livro. Somente o conhecimento que for essencial e irradiar luz permanecerá na sua alma, como pó de ouro no fundo de uma peneira. Tente continuamente captar a própria essência de um pensamento. Descubra com o que você realmente concorda nas profundezas do seu coração. Esse esforço criará e desenvolverá a parte da sua alma que é realmente resplandecente. Essa é a base do aprendizado.

## Com Adquirir uma Consciência mais Elevada

### A Importância da Busca Intelectual

O aprendizado está estreitamente ligado à razão por que nos foi concedida a vida eterna. Em primeiro lugar, perceba que Deus valoriza o aprendizado e nos concedeu a capacidade de aprender para que a utilizássemos como instrumento de desenvolvimento. Se aprender não fosse importante, não haveria por que reencarnarmos vezes e vezes sem conta, ao longo de milhares, dezenas de milhares ou até milhões de anos.

Então, que significado Deus confere ao aprendizado? O segredo está no fato de que cada um de nós é um indivíduo sem igual. Cada indivíduo é uma criação artística de luz, brilhante e multicolorida como um arco-íris depois da chuva. Existe um ser supremo que considera maravilhoso criar essa artística diversidade de luz. Espera-se que cada alma individual use suas próprias tendências e personalidade para aprender.

Por que precisamos aprender tanto? Por que o aprendizado é considerado tão bom? Precisamos ponderar sobre essa questão no contexto da vida diária. Por que você está lendo este livro? Você seria capaz de encontrar uma resposta clara? É importante saber se você é capaz ou não.

A todas as pessoas são dados certos problemas para serem resolvidos de acordo com determinadas circunstâncias individuais, e você tem que resolver essas questões por si próprio. Poderá encontrar pessoas que lhe deem conselhos, mas, no final, ninguém, além de você, poderá resolver seus problemas. Não há dúvida de que você tem preocupações e desafios que está tentando solucionar e usar como trampolim para um melhor desenvolvimento em sua vida. Talvez você tenha expectativas de encontrar, no meu livro, algumas dicas sobre como solucionar os seus problemas.

Cada pessoa recebe um livro de exercícios com problemas a serem resolvidos na vida. Precisamos ser capazes de solucionar os nossos problemas sozinhos, mas podemos obter boas ideias das pessoas que ainda estão vivas e dos escritos daqueles que já se foram. As pessoas estão sempre em busca de informações sobre como levar uma vida melhor e, apesar de Deus esperar que completemos o nosso livro de exercícios por nós mesmos, ele ainda assim nos dá algumas dicas. Podemos também encontrar pessoas que se tornam nossos professores ou que, pelo menos, nos deem dicas nos momentos oportunos; isso pode acontecer em casa ou em outro lugar. Encontrar dicas que nos ajudem a resolver nossos problemas é o ponto de partida para o aprendizado.

## O que é Consciência?

O que acontecerá depois que recebermos as dicas para nos ajudar a resolver os problemas da nossa vida? Qual será o resultado em guardá-las? Se só servirem para nos confundir, não servem para nada.

O objetivo do aprendizado é uma consciência mais elevada. O segredo para se viver feliz e desfrutar do desenvolvimento por meio de ideais superiores é ter uma consciência mais elevada, ou uma perspectiva mais elevada. Ter uma consciência mais elevada significa que você tem a chave para solucionar vários problemas na sua vida. Geralmente é fácil para você encontrar soluções para os problemas que as crianças enfrentam, mas é muito mais difícil ajudar a resolver os problemas daqueles que se encontram em situações parecidas com a sua, pois não há diferença entre o seu nível de consciência e os deles.

As pessoas que possuem uma perspectiva mais elevada podem resolver facilmente os problemas daqueles que não atingiram ainda esse nível; essa é a razão por que as pessoas buscam um mestre que tenha uma compreensão mais elevada. Uma pessoa presa a um torvelinho de sofrimentos, envolvida numa batalha de vida e morte, é geralmente incapaz de ver a causa de tamanha dificuldade. Aqueles que são reconhecidos como mestres têm um nível mais elevado de consciência e podem tanto entender as causas de um problema quanto usar os exemplos do passado para ajudar a resolvê-los. Aqueles que enxergam as coisas conforme a lei de causa e efeito podem apontar de imediato a razão que impede alguém de escapar do sofrimento.

Ouvi dizer que as galinhas são presas fáceis da própria imaginação. Se uma galinha é amarrada a uma corda e mais tarde libertada, qualquer coisa que se assemelhe a uma corda, até mesmo uma linha desenhada com giz, irá imobilizá-la, pois ela pensará que está amarrada outra vez. Devido ao seu baixo nível de consciência, a galinha é paralisada pela própria imaginação e de fato não consegue se mexer, vítima das lembranças limitadoras do passado. Nós sentimos compaixão pela galinha, mas existe uma diferença imensa entre o nível de consciência dela e o de um ser humano.

Há uma história parecida oriunda da Argélia, sobre como capturar um macaco usando um coco. Basta fazer um buraco no coco, grande o suficiente para caber a mão do macaco, depois jogar ali dentro um punhado de arroz e pendurar o coco na árvore. O macaco enfiará a mão no coco e tentará tirar o arroz de dentro. Depois que agarrar o arroz, não conseguirá mais tirar a mão enquanto não abri-la outra vez. Se largar o arroz, ele se libertará, mas o macaco não tem um nível de consciência elevado o suficiente para entender isso. Ele só sabe que está preso e não faz ideia de como escapar. Luta desesperadamente para se libertar, mas não pensa em soltar o arroz, por isso é pego com facilidade. O macaco não tem consciência suficiente para conseguir conciliar dois desejos: querer o arroz e o desejo de escapar.

Imagine-se na mesma situação. Se colocar a mão no buraco de um coco para agarrar o arroz e não conseguir mais tirar a mão dali, você imediatamente entenderá que isso acontece porque o seu punho ficou maior do que o buraco no coco. No mesmo instante se dará conta de que terá de soltar o arroz se quiser ficar livre. No entanto, com a sua consciência limitada, o macaco cai na armadilha fatal. Ele quer comida e simplesmente tenta pegá-la, mas, sendo incapaz de escapar, sofre em agonia até o amanhecer.

É desse modo que nós na Terra somos visto pelos espíritos elevados do mundo celestial. Muitas vezes sofremos por coisas pequenas, assim como esse pobre macaco, incapazes de encontrar soluções, porque não conseguimos ver a verdadeira causa dos nossos problemas. Como resultado, sentimo-nos sobrecarregados, completamente perdidos, sem ter noção do que fazer.

Há um filósofo francês, Alain,[*] que tinha consciência de importantes Verdades. Eis alguns exemplos, extraídos de seu livro, *On Happiness*.

> Um bebê estava chorando muito e ninguém sabia o que fazer. Os pais do bebê se perguntavam o que haveria de errado com ele, se o bebê queria leite, se estava com frio ou com calor, ou se estava doente, e acabaram levando o bebê ao médico. O médico não descobriu nada de errado com a criança e os pais ficaram completamente perdidos. Mas depois, a causa do problema se revelou muito simples – era um alfinete aberto na blusinha do

---

[*] Alain (1868-1951) é o pseudônimo de Émile-Auguste Chartier, filósofo e ensaísta francês.

bebê. Ele estava chorando porque o alfinete estava causando dor, mas, inconscientes disso, os adultos imaginaram muitas causas possíveis.

Uma outra parábola é sobre o que aconteceu no antigo reino da Macedônia, na Grécia, onde havia um cavalo selvagem que ninguém conseguia montar. As pessoas não entendiam a aflição do cavalo, por isso pensavam que ele era violento por natureza e impossível de controlar; procuraram, então, alguém corajoso o suficiente para treiná-lo. Embora isso fosse considerado um grande desafio, certo homem obteve sucesso com muita facilidade. Só ele foi capaz de perceber que o cavalo era violento porque tinha medo da própria sombra. O problema era o hábito do cavalo de olhar para baixo e ver sua sombra; por não saber o que era aquilo, se apavorava com ela. Quanto mais o cavalo se agitava, em fúria, mais a sombra se agitava também, criando padrões estranhos e terríveis. Quando o homem colocou os arreios no animal e os apertou bem, de modo que não conseguisse mais olhar para a própria sombra, ele se acalmou. A solução não foi eliminar a sombra, mas simplesmente impedir que o cavalo a visse.

Assim como Alain ilustra nessas histórias, as maiores dificuldades da vida originam-se da incapacidade de vermos a causa básica de um problema. A causa pode ser inesperadamente simples, como um alfinete na roupa ou o medo de sombras. Dificuldades aparentemente grandes, envolvendo dinheiro, negócios, saúde ou a família, podem ter causas simples. Como não percebemos isso, ficamos confusos e sem saber o que fazer.

Primeiro, precisamos encontrar o "alfinete" ou a "sombra" do nosso problema. Para isso, precisamos nos afastar de qualquer ideia fixa que tenhamos e olhar o problema de uma perspectiva mais elevada. Então descobriremos os nossos pontos cegos. Uma consciência mais elevada é essencial para se fazer isso, e você pode obtê-la por meio do aprendizado.

Aqueles que aprenderam muito nas encarnações passadas têm um nível de consciência mais elevado. Uma pessoa de nível espiritual superior tem uma consciência mais elevada, com maior compreensão dos sentimentos e preocupações de um número maior de pessoas e a capacidade de ajudá-las a resolver seus problemas. Não importa quantos livros você tenha lido, a menos que desenvolva uma consciência mais elevada por meio dessas leituras, não conseguirá entender essas coisas. Aqueles que buscam informações úteis para ajudá-los a resolver os problemas da vida digerem-nas, formam os seus próprios pensamentos e ideias, e podem compreender instantaneamente as preocupações dos outros e ajudá-los a resolvê-las. A proposta básica do aprendizado é alcançar um nível superior de consciência. Você precisa desenvolver a capacidade de ver instantaneamente que um bebê está chorando porque alguma coisa o está machucando, e não porque ele quer leite ou está doente; ou ver que o cavalo não é violento por natureza, mas porque simplesmente tem medo da própria sombra.

### Adquirindo uma Consciência mais Elevada

À medida que enfrentamos nossos problemas na vida, nunca podemos parar de empreender esforços constantes para alcançar uma consciência mais elevada.[3] É por isso que precisamos estudar uma grande variedade de assuntos diferentes.

Uma das razões dos meus muitos livros é proporcionar às pessoas a maior quantidade possível de material para elevar sua consciência. Ao ler livros contendo pensamentos de alto nível de homens e mulheres sábios, às vezes você poderá facilmente encontrar soluções para os seus problemas. Essas coletâneas de pensamentos são guias que o ajudam a solucionar os problemas que enfrenta na vida. Precisamos fazer uso de toda experiência e de todo o nosso conhecimento para elevar o nível da nossa consciência; esse é precisamente o objetivo do nosso aprimoramento espiritual na Terra.

Eu ensino que o mundo espiritual é composto de diferentes estágios ou dimensões: a quarta, a quinta, a sexta, a sétima, a oitava e a nona dimensão. A diferença entre essas dimensões não está no status social ou na reputação da pessoa, mas no seu nível de consciência. Quanto mais elevada a consciência que alcançamos, mais ampla é a perspectiva pela qual vemos o mundo, e mais profunda a nossa compreensão sobre os outros e da vontade de Deus. A reencarnação nos dá habilidade para ter ainda mais experiências que servem para aumentar nosso entendimento.

Quando você enfrenta problemas ou situações difíceis, a atitude mais sábia é tentar descobrir uma nova fonte de consciência. Você precisa fazer um esforço para entender as suas tendências claramente, entender a maneira como você pensa sobre uma situação em particular. Tente encontrar uma solução com muito mais rapidez da próxima vez que passar por um problema semelhante. Se foi preciso uma semana para que você solucionasse um determinado problema, da próxima vez faça um esforço para resolvê-lo em um dia, uma hora, um minuto ou até um segundo.

O esforço é uma força motriz por trás do desenvolvimento da cultura humana. A cultura é criada por meio do acúmulo de esforço humano. Sem as realizações acumuladas da humanidade, não haveria uma base para a criação de uma nova cultura pelas gerações seguintes. O desenvolvimento é baseado na cultura deixada por aqueles que vieram antes de nós, por isso pode-se dizer que a cultura é um acúmulo de consciência humana.

Deixe-me repetir dois pontos principais de que tratei até agora. Primeiro, nunca se engane sobre o aprendizado; seja honesto e imparcial e continue a explorar até que esteja realmente convencido sobre uma ideia. Essa atitude é a base do aprendizado.

Segundo, o objetivo principal do aprendizado é alcançarmos um nível mais elevado de consciência. A partir dessa perspectiva, você será capaz de entender o significado do aprimoramento espiritual na Terra. Quando enfrentar dificuldades na vida, não desanime e nem esgote suas forças; em vez disso, aprenda novas lições continuamente, para que se torne capaz de ver instantaneamente o "alfinete" ou a "sombra" num problema, e eleve o nível de sua consciência em um ou dois degraus acima.

## Os Estágios de Desenvolvimento do Conhecimento

No capítulo 2, expliquei que existem estágios de desenvolvimento do amor. Também existem estágios do conhecimento. Aqueles que já atingiram os estágios superiores de conhecimento podem compreender facilmente que existem diferentes estágios, mas aqueles que ainda não atingiram esses níveis não entendem com facilidade esse conceito.

### O Período de Esforço Intelectual

O primeiro estágio do conhecimento é colher informações e instrumentos que aumentem a sua consciência. É essencial acumular o máximo de conhecimento possível, incluindo as ideias daqueles que estão num nível mais avançado que você. Se você não passar nesse estágio, será facilmente influenciado pelas opiniões dos outros e, toda vez que encontrar um problema, ficará perdido, sem saber o que fazer. No entanto, aqueles que se empenharam para se estabilizar no primeiro estágio podem usar seu conhecimento e experiência para desenvolver e aumentar sua consciência. Com um nível superior de consciência, eles podem solucionar facilmente grande parte dos problemas comuns, que mantêm a maioria das pessoas preocupadas por anos. Portanto, os benefícios que resultam até mesmo nesse estágio são consideráveis.

No mundo dos negócios, também, muitos executivos despendem uma grande dose de energia para se manter nesse primeiro estágio do conhecimento. Os gerentes gerais podem encontrar instantaneamente soluções para problemas que seus subordinados enfrentam com dificuldade e acham impossível resolver. Essa capacidade é às vezes descrita simplesmente como inspiração, mas um certo esforço intelectual é necessário antes que você comece a receber inspiração. Você precisa começar a aprender, absorver conhecimento superior e ganhar confiança para saber quando assimilou conhecimento suficiente. Essa autoconfiança é essencial para você se estabilizar no primeiro estágio do conhecimento.

Esse primeiro estágio do conhecimento nos leva a sentir a existência do mundo espiritual. Estudando as obras de uma variedade de pensadores e depois aprofundando esse conhecimento mais e mais em meu próprio coração, eu me tornei capaz de receber mais inspiração. Agora meu coração espiritual se abriu,* e eu me tornei capaz de me comunicar com os habitantes de outros mundos.

---
\* Quando nos livramos de todas as nuvens que cobrem o coração, o coração espiritual se abre e passamos a nos comunicar diretamente com nossos guardiões e espíritos guias.

No entanto, isso não aconteceu da noite para o dia. Antes de o meu coração espiritual se abrir, houve um período em que eu recebi muita inspiração. Isso ocorreu primeiramente porque eu buscava pelo conhecimento superior. O princípio "Pedi, e dar-se-vos-á" (Mateus, 7:7) também é válido para o recebimento de inspiração espiritual. Se você buscar continuamente uma consciência mais elevada, um nível superior de iluminação e uma capacidade de julgamento também mais elevado, um poder superior lhe responderá.

A segunda razão por que eu era capaz de receber inspiração foi a pureza da alma. Enquanto você buscar conhecimento simplesmente como um meio para atingir um fim, não será capaz de ultrapassar esse primeiro estágio do conhecimento. Imagino que muitos de vocês estudaram para ter sucesso na vida – para entrar numa faculdade melhor, para conseguir um emprego melhor ou para conseguir uma promoção. No entanto, você nunca atravessará os umbrais do primeiro estágio do conhecimento enquanto considerar o estudo como um meio de atingir um fim, pois esse tipo de atitude lança nas sombras a pureza da sua alma.

O que é de mais valioso na busca do estudo acadêmico é o esforço que você faz para tentar alcançar o conhecimento infinito, a sabedoria. Até que entenda isso, enquanto buscar o conhecimento apenas como um meio de atingir alguma finalidade mundana, você não irá além do primeiro estágio. O conhecimento e o aprendizado devem ser seus objetivos. Quando chegar ao ponto em que considerar o aprendizado como um fim em si mesmo, em que você se sente feliz em buscar o conhecimento e sentir sua alma sendo aprimorada por meio dessa busca, você terá alcançado o objetivo do primeiro estágio do conhecimento.

Esse é também o primeiro estágio na busca pela iluminação. Aos poucos, você passa a receber inspiração e a viver momentos de bem-aventurança, ou extrema felicidade, com muita frequência. Depois de ler centenas de livros, você pode se deparar com um ou dois que lhe deixem uma profunda impressão, que toquem você e o levem às lágrimas. Talvez você tenha a experiência de ouvir uma palestra inspiradora e fique tão comovido que não consiga parar de chorar. Essas experiências dão a você um sentimento intenso de felicidade, "a alegria da alma".

É como se um véu fosse erguido e você fosse capaz de ver o verdadeiro estado do mundo. Antes disso, você pode achar que as pessoas estão tentando prejudicar você ou obstruir o seu caminho, ou que as coisas muitas vezes não são como você gostaria, mas depois que essas ideias negativas se dissipam, você descobre que o mundo é realmente magnífico. Helen Keller escreveu sobre isso em sua autobiografia, *The Story of my Life* (Nova York: Doubleday, Page & Company, 1905). Apesar de ser cega, depois de muito aprimoramento, ela passou a ver o mundo como um lugar realmente maravilhoso.

O personagem principal de *Um Cântico de Natal*, de Charles Dickens, ilustra uma transformação parecida. Como você talvez se lembre, Scrooge era um velho rabugento cuja única preocupação era ganhar dinheiro. Na madrugada da véspera de Natal, ele encontra três fantasmas – o fantasma do passado, o fantasma do presente e o fantasma do futuro. Cada um deles mostra a Scrooge cenas da vida dele: o fantasma do passado mostra quantas pessoas sofreram por causa da maneira como ele vivia, preocupado apenas em ganhar dinheiro. O fantasma do presente lhe mostra pessoas que ele conhece e que estão sofrendo até mesmo na véspera do Natal. Então o fantasma do futuro lhe mostra como ele morrerá, infeliz e solitário.

Depois de ver essas cenas, Scrooge começa a se arrepender profundamente. Ele faz uma reflexão sobre si mesmo e percebe o quanto vivia uma vida falsa, quantas pessoas tinha prejudicado e o quanto ignorava as dores das outras pessoas. Ao romper da manhã, um mundo completamente diferente se descortinou diante dos seus olhos, e ele ficou realmente maravilhado com o Natal. Todo mundo parecia extraordinário e a expressão amargurada de Scrooge foi substituída por um sorriso largo, que era correspondido com sorrisos. Ele percebe que o mesmo mundo que costumava achar feio, agora lhe parecia lindo. Seu mundo se transformou simplesmente por causa da mudança em seu estado de espírito.

Dickens criou essa história com um talento primoroso, revelando sua própria iluminação. Como Dickens, aqueles que passaram pelo primeiro estágio do conhecimento veem este mundo como um lugar maravilhoso.

Nesse estágio, a iluminação ainda é muito mais tênue. Num ambiente isolado e tranquilo, onde não há motivo para preocupação, você provavelmente mantém o seu coração em paz e está livre de cuidados mundanos, mas ainda há a possibilidade de que essa paz seja abalada. Ela corresponde ao nível dos Arhats nos estágios da iluminação, o nível superior da sexta dimensão, onde a alma ainda é vulnerável à "ferrugem" e ao risco de cair em desgraça.

Em outras palavras, no momento da "conversão", o ponto decisivo da mudança de uma vida mundana para uma vida religiosa, todos podem vivenciar um estado diferente e renovado. Infelizmente, esse sentimento de renovação não dura muito no monótono dia a dia. Para avançar rumo ao segundo estágio do conhecimento, você precisa descobrir como superar essa fragilidade, como manter esse senso de renovação e continuar a vivenciar uma visão completamente transformada do mundo.

No primeiro estágio do conhecimento, o seu nível de consciência é relativamente elevado, por isso é fácil encontrar falhas nos outros. Você será capaz de ver os problemas, as preocupações e as fraquezas dos outros claramente, mas isso não é suficiente. Você precisa aceitar as pessoas, apesar das suas deficiências, com um amor nascido de uma perspectiva ainda mais elevada. Se você se perder na vida diária ou não sentir amor pelo próximo, a sua busca desequilibrada por conhecimento revelará que você ainda não conseguiu atingir a condição de espírito inabalável.

### Desenvolvendo uma Confiança Inabalável

O requisito para atingirmos o segundo estágio do conhecimento é a assiduidade nos estudos e no aprendizado. Você precisa fazer um esforço constante e sincero para acumular conhecimento, e não colocar nenhum tipo de limite nesse esforço.

Você precisa ser como os pinheiros, que estão sempre verdejantes, mesmo no inverno. No outono, as folhas de muitas árvores ficam vermelhas ou amarelas e caem, mas os pinheiros e os cedros continuam verdes. Sabemos, por experiência própria, que, embora eles se misturem com outras árvores no verão, em meio à neve do inverno eles mostram um grande contraste. É importante que você se mantenha firme como essas coníferas, mesmo que as circunstâncias mudem. O seu desafio é sustentar o esforço que faz durante a passagem do tempo. Se tem um exame importante ou espera uma promoção, você geralmente tem motivação para trabalhar duro. Quando essas "cenouras", ou oportunidades de sucesso, são colocadas na sua frente, você pode galopar como um cavalo, mas será que manterá essa motivação quando as cenouras forem retiradas? Quanto mais você mantém o entusiasmo, maior é seu nível espiritual.

O que mais me impressiona com relação às vidas das grandes figuras históricas é sua grande determinação e perseverança.[4] Não importa que dificuldade enfrentaram, não importa o quanto sofreram, nunca desistiram; estavam sempre se esforçando para superar qualquer adversidade. Graças a esse esforço contínuo, o seu brilho espiritual ficou mais intenso. Por isso, foi importante passar por tudo isso para fortalecer a sua alma.

Se você quer ver a verdadeira natureza de alguém, só precisa observar essa pessoa em duas ocasiões – quando ela está no auge do sucesso e no fundo do poço. Aqueles que adquirem renome depois de pequenos sucessos não alcançam um grande sucesso; eles logo ficam satisfeitos e, tão logo começam a atrair a atenção das outras pessoas e ser considerados importantes, começam a se vangloriar.

Por outro lado, aqueles que sucumbem ao desespero quando estão diante do fracasso, que só se queixam e se lamuriam, também não atingem o sucesso. O teste para avaliar a sua verdadeira grandeza espiritual é saber por quanto tempo você é capaz de suportar as dificuldades enquanto continua a se aprimorar e se fortalecer.

Se a sua posição social de repente melhora, qual é a sua reação? Se você logo se sente vaidoso, não pode ser considerado uma pessoa de grande desenvolvimento espiritual. Quanto mais elevada a sua posição, mais você precisa continuar se esforçando e mais humildade precisa ter. Se mantiver essa atitude, logo atingirá grande sucesso.

O segundo estágio do conhecimento é o período de persistência, em que você se empenha para desenvolver a autoconfiança. A chave para desenvolver a confiança em si é ter experiências de sucesso e ampliar a sua perspectiva de várias maneiras diferentes. Se você não conseguir desenvolver uma confiança inabalável no seu nível de conhecimento, durante o período em que estiver se firmando, acabará ficando com inveja dos outros. Você se sentirá inseguro e enciumado quando se deparar com alguém do mesmo nível que parece mais competente que você ou que realiza algo notável. Se você sentir inveja, isso significa que ainda não atingiu o segundo estágio.

Se você viver constantemente interessado em se aperfeiçoar, o seu coração não será perturbado pelo sucesso ou fracasso alheio. Existem pessoas que se sentem felizes quando veem o fracasso de outras, ou que sofrem com o veneno da inveja que sentem quando os outros são bem-sucedidos. Essas pessoas ainda não estabeleceram uma confiança inabalável no próprio conhecimento, ou confiança na própria iluminação e consciência. Elas ainda não conseguiram estabelecer a correta maneira de ver os outros, o mundo e elas mesmas. Esse estágio testa os seus objetivos e a sua perseverança, e pode durar muito tempo. Muitos não conseguem ultrapassá-lo numa única vida, mas, depois que o fazem, são capazes de irradiar amor incondicional aos outros. Se conseguir desenvolver uma forte confiança com base no seu próprio conhecimento, você ficará livre da inveja e irradiará uma luz suave. O primeiro estágio do conhecimento é um período de rigorosa disciplina espiritual, por isso a luz que você passa a emitir pode ser ofuscante. Mas, quando atinge o segundo estágio, você dá um passo à frente e torna-se capaz de dar muito mais amor aos outros.

### *O Conhecimento a Serviço das Pessoas*

As pessoas normalmente não passam do segundo estágio do conhecimento, mas existem níveis mais elevados de conhecimento que vão muito além da esfera do conhecimento pessoal. No primeiro e no segundo estágios, o desenvolvimento do conhecimento está confinado ao individual. O conhecimento de uma pessoa é simplesmente a capacidade e habilidade que ela tem para solucionar problemas pessoais do dia a dia e gerar paz em seu coração, preenchendo-o com um sentimento de felicidade. Durante o terceiro estágio, porém, o conhecimento ultrapassa os limites individuais e vai se transformando em algo mais elevado, conhecido como sabedoria. Esse nível de conhecimento não é simplesmente um conjunto de informações ou atributos, mas conhecimento transformado em amor. Quando o conhecimento é transformado em amor, ele se estabelece na forma de uma apurada filosofia, que é compartilhada com muitas pessoas.

Pensadores que apresentam ideias originais ao mundo por meio de seus escritos ou palestras encontram-se muitas vezes no terceiro estágio do conhecimento. A menos que o autor tenha atingido o terceiro estágio do conhecimento, um livro não é capaz de comover verdadeiramente as pessoas nem se eternizar a ponto de influenciar gerações futuras. Nesse estágio, tanto a qualidade quanto a quantidade de consciência de um pensador são transformados em grande sabedoria, tornando-se um tesouro para toda a humanidade. A sabedoria vai além do conhecimento individual e é compartilhada com muitos, inspirando e estimulando a evolução espiritual das almas.

Essa transformação requer muitas experiências espirituais, ou por meio do encontro com alguém que tenha passado por esses tipos de experiência ou por meio de uma grande mudança no seu modo de ver a vida. Viver apenas uma vida comum não leva ninguém a esse terceiro estágio. Um pouco antes de atingir esse estágio, as pessoas reconhecem que os pensamentos que têm contemplado muitas e muitas vezes podem beneficiar outras pessoas e servir para orientá-las. Esse é o estágio em que o aprendizado se transforma num amor que serve aos outros. Ele corresponde a avançar elevando-se do Reino de Luz, da sexta dimensão, para o Reino dos Bodisatvas, na sétima dimensão do mundo espiritual. Trata-se de uma mudança do mundo da busca intelectual para o mundo do amor. Só quando buscar o conhecimento com o forte desejo de servir a muitos, e de fato traduzir isso em ação, você atingirá o nível dos Bodisatvas.

Esse nível de verdadeira sabedoria é o que mais precisamos nos dias de hoje, um conhecimento envolvendo o amor. Infelizmente, muitos indivíduos parecem se contentar em permanecer meramente no nível intelectual e no nível individualista. No entanto, você deve almejar o terceiro estágio do conhecimento, o estado dos Bodisatvas, em que o conhecimento é um investimento que pode dar muitos frutos no futuro. Tenha como meta oferecer às outras pessoas os frutos dos seus esforços, em vez de guardá-los só para si. Busque sempre maneiras de traduzir e transmitir aos outros o conhecimento que adquiriu, motivá-los, inspirar suas almas e iluminar suas vidas.

## Pensamento Fundamental

Existe, é claro, um nível ainda mais elevado de conhecimento – a grande sabedoria dos Tathagatas na oitava dimensão e das dimensões celestiais mais elevadas. Nesse estágio do conhecimento, a pessoa não conhece apenas os segredos para ter uma vida bem-sucedida, mas também explora e descobre os tesouros da humanidade. Nesse quarto estágio, o conhecimento se torna fundamental, como a sabedoria de Sócrates, Platão e Aristóteles, na Grécia; Confúcio, na China; Jesus, na Palestina; ou o Buda Shakyamuni, na Índia.* Esses grandes nomes apresentaram um pensamento original que transformou não só pessoas, mas também eras, culturas e civilizações inteiras. Sua grande sabedoria, adquirida por meio de numerosas encarnações e esforço contínuo, representa uma fonte de conhecimento além da sabedoria dos Bodisatvas, que envolve inclusive o amor. Grandes espíritos guias de luz vêm a este mundo para ensinar a Verdade, para criar uma nova história para a humanidade e para transformar pessoas, eras e civilizações.

Eu continuo me empenhando para estabelecer firmemente as Leis, condensando sua sabedoria e traduzindo-as num amor universal que transcende esta era, para que assim possam ser transmitidas às futuras gerações. Você também deveria aproveitar essa oportunidade para buscar o desenvolvimento do conhecimento.

---

* A Verdade espiritual sobre essas grandes personalidades do passado é descrita em *As Leis Douradas*.

• PARTE TRÊS •

# A Criação de um Mundo Ideal

Agora eu gostaria de apresentar os princípios da utopia, da salvação, da reflexão e da oração. O princípio da reflexão é particularmente poderoso; ele é uma espécie de continuação do princípio da iluminação. Esta seção é altamente recomendada para qualquer pessoa que se sentir incomodada por influências espirituais negativas, pois esse princípio é dotado do poder espiritual de Buda, que pode repelir espíritos malignos, não importa o quanto possam ser fortes. O princípio da utopia nos guia para o estabelecimento da utopia tanto no mundo exterior quanto no mundo interior. A aurora da nova era da humanidade está próxima.

SETE

# O Princípio da Utopia

## Diretrizes para a Criação da Utopia nos nossos Mundos Exterior e Interior

A humanidade está num período de transição; surgirão muitas dificuldades a serem transpostas e precisamos nos preparar com firmeza para entrar numa nova era de utopia. Existem várias diretrizes que constituem o princípio da utopia.

### Estabelecendo a Era da Espiritualidade

Nós precisamos primeiro inaugurar a era da espiritualidade. Se não instituirmos uma era espiritual agora, perderemos essa chance para sempre. Se ocorrerem crises, não podemos simplesmente rejeitá-las como meras crises, nem devemos nos contentar em fugir delas. Precisamos perceber que essas crises são, todas elas, parte de um drama conduzido por Deus. Vivemos tempos difíceis, num momento de grande mudança na história, mas podemos tirar vantagem dessa realidade, aproveitando para dar passos largos e avançar rumo ao estabelecimento de uma era espiritual. É importante aproveitar todas as oportunidades para avançar na direção do desenvolvimento e para assentar os alicerces do futuro.

No Japão, dizem que só 20% da população acredita na existência do mundo espiritual ou que a alma seja a base central do nosso ser. Por que será que essas pessoas, que vivem nestes tempos de tanto desenvolvimento, não aceitam a Verdade suprema e absoluta, que tem existido por centenas de milhões de anos? Como é possível viver cada dia sem o conhecimento da Verdade? Que tipo de pessoas somos nós? Quais são as bases da existência para os tempos atuais? Quando nos fazemos essas perguntas, não podemos negar que nossa civilização atual foi construída totalmente sobre ilusões.

Eu tenho transmitido mensagens de espíritos elevados do mundo celestial que buscam várias diferentes maneiras para provar a existência do Mundo Real. O que eles realmente querem nos dizer é simples: seja o povo da Terra capaz de aceitar ou não, a verdade é que o mundo espiritual realmente existe. Assim como existem países como o Japão e o Brasil, existe de fato um mundo espiritual.

A lei da reencarnação também é compreendida com facilidade no Mundo Real, para onde voltamos depois de deixar este mundo. No Mundo Real, a reencarnação é tão simples quanto um probleminha de aritmética do primeiro ano escolar. No entanto, esse simples fato é incompreensível para muitas pessoas da chamada elite intelectual da atualidade. Que tipo de conhecimento esses intelectuais acumularam? O que eles acham que estão aprendendo? Na realidade, seus conhecimentos não passam de um amontoado de informações desnecessárias.

Agora é hora de reexaminar tudo em que acreditamos, tudo o que valorizamos. Estamos vivendo no auge de um espetacular enredo divino. A nossa missão nesta era é muito maior do que imaginamos. A extensão e profundidade da Verdade e o número de pessoas a quem devemos transmiti-la são vastos e impressionantes. No entanto, a Verdade precisa fluir para cada canto deste mundo o mais rápido possível, e eu estou continuamente buscando o método mais eficiente para atingir esse objetivo.

### A Reforma dos Princípios Econômicos

Para dar início a uma nova era, primeiro é necessário estabelecer a era da espiritualidade. Em seguida, é preciso fazer uma reformulação dos princípios econômicos. Ao longo das últimas centenas de anos, o sistema econômico que prevaleceu no mundo todo e é agora aceito amplamente é o capitalismo. No entanto, será que o capitalismo é de fato o melhor sistema?

Falando honestamente, o atual sistema conduz a uma concepção incorreta. A maioria das pessoas que trabalham para viver acredita que a busca de lucros é o ideal – o princípio mais elevado. Não há nada de errado em buscar ganhos financeiros ou lucros, mas as pessoas precisam estar conscientes da razão por que os estão buscando. Se você é dono ou empregado de uma empresa, provavelmente sabe o quanto é importante ter lucros. Por que eles são tão necessários? Essa filosofia de visar apenas o lucro é uma forma de "religião mal-orientada" dos tempos modernos. A alma humana tem sido envenenada por esse tipo de crença.

Os lucros de uma atividade econômica só são aceitáveis quando são usados com um propósito positivo, seja passivo ou ativo. Não buscar lucros que possam corromper outras pessoas é um propósito passivo, enquanto que o propósito ativo busca lucros que tragam felicidade para os outros. Venerar os lucros se torna maléfico quando essas duas condições são ignoradas.

Atualmente, o lucro se tornou uma espécie de falso deus, que resulta na idolatria dos números. Essa veneração pervertida do materialismo, essa adoração a Baal dos tempos atuais, é muito intensa e precisa ser extirpada. Num sistema econômico, os lucros devem servir às verdadeiras necessidades da humanidade. As pessoas trabalham em várias atividades diferentes, e nosso sistema monetário é um dos padrões pelos quais avaliamos essas atividades. Esse método de avaliação, no entanto, ainda é primitivo.

No Mundo Real, também existe um sistema econômico baseado no dinheiro. Por exemplo, no Reino Póstumo da quarta dimensão, existe uma moeda em circulação porque os habitantes desse mundo ainda sentem que isso é necessário. Evidentemente, essa moeda não é feita de matéria; ela é criada no mundo do pensamento. No mundo da quinta dimensão, existe uma economia baseada num tipo de sistema de troca. Esse conceito existe até no Reino de Luz da sexta dimensão. Lá, os valores não são mensurados em dinheiro, mas pela dose de gratidão que as pessoas recebem – essa é uma moeda espiritual.

Nos mundos que estão acima desse, o sistema econômico compõe-se de luz divina. A quantidade de luz enviada por Deus é a manifestação do valor do comportamento e das atitudes das pessoas. Um dos critérios usados para avaliar isso é a análise da aura, ou da auréola, que expressa a moeda de Deus. Aqueles que conquistaram um reconhecimento considerável recebem proporcionalmente em forma de luz, que se acumula, formando a auréola. No sentido de que pode ser acumulada, a luz funciona da mesma maneira que o dinheiro na Terra. A luz é concedida de acordo com a qualidade e quantidade de boas obras que são realizadas de acordo com a vontade de Deus. Essa é a economia em vigor do mundo da Verdade.

No entanto, isso não ocorre apenas no mundo superior. Até certo ponto, o mesmo sistema também opera no mundo terreno. Talvez você não possa ver a quantidade de luz que recebe de Deus, mas os efeitos se manifestam de várias maneiras, como saúde perfeita e sucesso. Outras vezes essa moeda concedida por Deus pode se manifestar como um bom caráter. Por isso, a economia em vigor no reino de Deus também é importante neste mundo.

Existem dois tipos de moeda em circulação na Terra. Um é a moeda do governo; o outro é a moeda emitida por Deus. Essas duas moedas não estão completamente separadas e, em alguns casos, são intercambiáveis; em alguns mercados, as duas são válidas. Nosso objetivo é estabelecer um novo sistema econômico em que essas duas moedas se misturem e as duas tendências se encontrem. A economia precisa se voltar na direção da confluência entre os valores terrenos e os valores da Verdade, refletindo a vontade de Deus e criando princípios econômicos que sejam válidos nos dois mundos.

Dois mil anos atrás, Jesus falou sobre o reino de Deus que existe dentro de nós, dizendo, "Dai a César o que é de César e a Deus o que é de Deus" (Marcos 12:17) e "Arrependei-vos, porque o Reino de Deus está próximo" (Mateus 3:2). Embora o Reino de Deus a que se referia Jesus não fosse além do mundo interior, o reino de Deus que estamos tentando estabelecer abrange tanto o mundo interior quanto o mundo exterior. Nossa missão nesta vida não será cumprida enquanto o mundo terreno não se transformar num paraíso.

## Pesquisa e Estabelecimento de Princípios para a Ação

Se o nosso objetivo fosse enfocar apenas o reino do coração, não haveria razão para iniciarmos um trabalho missionário na presente era ou para que eu me dedicasse de corpo e alma à tarefa de dar palestras a quem quer que se disponha a ouvi-las. Isso tem sido feito há dois, três, dez mil anos, eu diria até centenas de milhares de anos. Não podemos ficar repetindo o mesmo esforço cada vez que reencarnamos; precisamos avançar, para atingir objetivos mais elevados.

Com essa finalidade, os princípios por trás das nossas ações podem ser resumidos em duas categorias. Um princípio é o arrependimento individual – o princípio da iluminação pessoal; o outro é o arrependimento da sociedade como um todo, o princípio que rege a reforma da sociedade. Sem esses dois princípios, não é possível efetuar uma mudança nesta era. Eles são como duas espadas: uma curta e a outra longa. Com essas duas espadas, podemos promover uma reforma global.

Por isso o terceiro pilar imprescindível na criação do reino de Deus é estudar e estabelecer os dois princípios principais para a ação, que reformularão tanto o indivíduo quanto a sociedade como um todo.

## O Primeiro Princípio para a Criação de um Mundo Ideal – Utopia no Coração

O primeiro estágio na criação de um mundo ideal é possuir o domínio do reino interior. Por isso, fiz a introdução dos quatro princípios da felicidade: o amor, a sabedoria, a reflexão e o desenvolvimento. Esse ensinamento é uma interpretação moderna do budismo, que enfoca a busca individual pela iluminação.

A criação da utopia começa com o princípio do coração e com os ensinamentos sobre o coração. Por que você encarna em várias eras diferentes e atua numa variedade de papéis? Se você quisesse encarnar como um rei, poderia ter encarnado como rei em todas as vidas, mas no curso de muitas encarnações diferentes ninguém opta por ser membro da realeza todas as vezes. As pessoas assumem papéis diferentes à medida que trilham o caminho da iluminação. Às vezes elas nascem reis, outras vezes nascem mendigos, cidadãos de classe média e assim por diante.

Existe uma lei fundamental, um importante princípio guia que está em vigor em todo o universo: "Independentemente do seu ambiente, controle o seu reino interior e estabeleça um mundo perfeito no seu próprio coração". Essa lei implícita permanece inalterada ao longo de toda a longa história da raça humana.

Como você pode criar um mundo ideal no seu coração neste exato momento? O que você precisa fazer para trazer para mais perto o Reino de Deus sobre o qual Jesus ensinou? Você precisa ao menos conhecer a vida e os pensamentos das pessoas que conseguiram ter o domínio sobre o Reino Divino interior.

Para mostrar quais são os tipos de pensamentos necessários para se ter o controle sobre o Reino Divino em seu interior, eu publico muitos livros sobre a Verdade. Em meus livros, dou exemplos sobre os tipos de pensamentos e atitudes que conduzem ao céu. Examine a maneira como você pensa e vive à luz da Verdade. Se sentir que seus padrões de pensamentos estão de acordo com a Verdade, você é um bem-aventurado e pode continuar a viver da mesma maneira.

Infelizmente, muitas pessoas ainda não alcançaram esse nível. Imagine se você morrer neste exato instante e se tornar um ser espiritual; que lições aprendeu nesta vida que poderia transmitir a outras pessoas? Você seria capaz de dizer alguma coisa importante, alguma coisa de valor? Nos meus livros, apresento maneiras ideais de viver que servem de modelos para você seguir.

### *Determinação para uma Mudança Interior*

Depois de estudar os exemplos que você possa seguir, o próximo desafio é encontrar o seu próprio caminho. Primeiro, olhe para dentro de si e pergunte se você tem vontade de mudar a si mesmo. Esse é o ponto de partida, como também um pré-requisito para se tornar membro da Happy Science. A busca pelo Correto Coração é muito importante na nossa organização. Muitas pessoas acreditam que estão agindo da maneira correta, mas elas só têm uma compreensão superficial. Você realmente deseja transformar o seu coração?

Atualmente, muito poucas pessoas vivem em total harmonia com a vontade de Deus. Na verdade, a maioria das pessoas não vive assim.

Se esse for o caso, para explorar o Correto Coração naturalmente será necessária uma autotransformação. Você está disposto a corrigir a maneira como pensa e se comporta, e a fazer mudanças tão logo enxergue seus erros? Se está satisfeito com o jeito como você é agora, e não consegue ver a necessidade de mudar ou de se melhorar, então você ainda não chegou nem mesmo ao seu ponto de partida.

A busca pelo Correto Coração não é, de maneira alguma, apenas uma ideia abstrata; é preciso ter o desejo de mudar e fazer esforços para se obter a autotransformação. Você tem vontade de mudar suas atitudes? Se não tem, sinta-se convidado a se retirar da Happy Science; nossos ensinamentos não são para aqueles que não têm intenção de se aperfeiçoar. Se você está estudando a Verdade e percebeu que ainda não estabeleceu o Reino Divino dentro do seu coração, você precisa corrigir seus pensamentos e mudar o seu interior. Se você acha que já atingiu a máxima sabedoria, está convidado a iniciar o seu próprio movimento ou a continuar a viver num mundo completamente separado. Isso pode soar meio rude, mas aqueles que estão satisfeitos com a maneira como são e não têm vontade de se aperfeiçoar, não merecem ser chamados de buscadores da Verdade.

Existe uma grande diferença entre o estado de espírito daqueles que vivem no nosso mundo tridimensional e daqueles que habitam o Mundo Real da quarta dimensão e além. Da perspectiva dos espíritos superiores do Mundo Real, o nosso mundo parece incerto e instável. Viver aqui é como andar no fundo do mar ou através de uma miragem no deserto. Essa incerteza é a razão por que você não pode se contentar em permanecer como é agora.

Enquanto você não tiver uma forte determinação para mudar a si mesmo, o aperfeiçoamento não acontece. Corrija o seu coração e comece novamente. Motive-se; esteja determinado a estabelecer o reino Divino em seu interior. Esse é o ponto de partida, que o budismo chama de "coração iluminado" ou *bodhicitta*, em sânscrito.* O Buda Shakyamuni enfatiza a importância de se ter vontade de atingir a iluminação. As pessoas não podem mudar enquanto não aspirarem a mudança.

---

* Coração iluminado, mente bodhi, ou bodhicitta, significa uma aspiração à iluminação, ou vontade ou desejo de atingir a iluminação.

Elas mudam se receberem uma grande soma em dinheiro? Talvez mudem por um tempo, mas no seu interior elas não mudarão. E se ganharem uma casa? Também podem mudar por um período, mas na essência continuarão as mesmas. Não existe outro meio de estabelecer o paraíso dentro de você que não seja transformando o seu coração. Ninguém pode fazer isso por você.

O reino Divino está dentro de cada pessoa, e cada uma delas recebeu a chave para abri-lo. Não existe uma duplicata. A menos que você mesmo o abra com a chave que carrega dentro de si, a porta do reino do coração permanecerá fechada. Você já recebeu todos esses instrumentos, agora precisa despertar para esta simples verdade: através de uma forte determinação, você conseguirá força de vontade para transformar a si mesmo.

Existe uma distância entre o seu atual estado de espírito e o estado que Deus deseja para você. Eu sinto a fervorosa paixão dos espíritos elevados; eles estão ansiosos para despertar as pessoas na Terra, e desejam ardentemente que elas conheçam a Verdade. Mas, não importa o quanto seja forte o anseio desses espíritos, com quanto fervor eles tentem transmitir suas mensagens, as pessoas da Terra consideram essas mensagens como meras palavras impressas em livros. Elas não percebem que os espíritos superiores colocaram seus corações e almas nessas mensagens.

Imagine que você tenha deixado este mundo e se tornado um anjo no mundo espiritual. Como se sentiria ao observar o estado em que as pessoas estão atualmente na Terra? O que você faria? Eu estou profundamente consciente do quanto esses espíritos velam por nós e procuram nos orientar, mas, lamentavelmente, não é possível explicar com clareza o que percebo.

Não obstante, posso ao menos dizer que você tem a chave. Pegue a chave na mão, a chave que está dentro de você. Coloque-a na fechadura e abra a porta do seu coração. A menos que cada pessoa verdadeiramente desperte para a essência divina em seu interior, a energia para a salvação não fluirá.

Às vezes você pode imaginar que Deus é injusto. Pode se perguntar por que as pessoas vivem em condições tão diferentes, ambiente, talentos, capacidades, lares, pais, famílias, renda, força física e outras coisas tão diferentes. Você pode culpar Deus e achar que ele é injusto por deixar que essas diferenças existam, mas num aspecto Deus nos trata igualmente: Ele deu a todos nós a chave para abrir a porta interior. Nós somos absolutamente iguais nesse aspecto.

### Construindo um Reservatório Interior e Entrando em Ação

Primeiro você precisa de uma grande força de vontade e energia para obter uma autotransformação. Depois que a força de vontade foi desperta, há dois passos necessários para você atingir o estágio seguinte.

O primeiro passo é construir um reservatório interior para nutrição espiritual. Antes de nascermos na Terra, Deus deu a cada um de nós uma certa quantia de "fundos" espirituais para cobrir as despesas durante a nossa jornada desde o nascimento até a morte. No entanto, as pessoas usam esse suprimento ao longo da vida, esquecendo-se do propósito principal da sua jornada. Em vez de usar esse dom precioso para uma determinada finalidade, elas muitas vezes o desperdiçam em coisas sem importância. Pare de fazer isso; do contrário, você não conseguirá chegar ao seu destino. Volte-se para o seu ponto de partida, e comece a acumular energia de luz, o conhecimento da Verdade, e energia de amor. É importante começar a poupar para as despesas de viagem novamente, pois você já quase esgotou seus fundos. Essa é uma das providências que você precisa tomar depois que decidiu se transformar.

Durante mais de quarenta anos, o Buda Shakyamuni ensinou repetidamente sobre a importância da acumulação interior, de se construir um reservatório interior para a nutrição espiritual. Esse alimento armazenado em nosso coração servirá para enriquecer o coração das outras pessoas. Esse reservatório se torna uma fonte de onde você pode extrair alimento espiritual para um número incontável de pessoas.

Existem muitos tipos de oferendas, mas a oferenda do Darma, do ensinamento da Lei, é de longe a maior. A menos que você tenha um reservatório interior de Verdade, é impossível praticar a oferenda do Darma. É por isso que eu vivo dizendo sobre a importância de aprendermos a Verdade. Essa é a ordem que devemos seguir: busque a verdade, estude-a e depois divulgue-a aos outros.

Deixe-me explicar cada elemento dessa sequência, uma de cada vez. Buscar a Verdade significa possuir interesse pela Verdade, acumulando conhecimento e informação com um propósito específico no coração, armazenando assim, constantemente, conhecimento sobre a Verdade para o futuro.

Estudar a Verdade significa assimilar o conhecimento que você acumulou, como se fosse seu, afiando-o a tal ponto que possa ser capaz de lutar usando-o como uma arma, quando necessário. Não basta simplesmente coletar vários ensinamentos diferentes da Verdade aleatoriamente; você precisa estar pronto para colocá-los em prática. Não se contente em somente ler os livros sobre a Verdade. Pense em como pode fazer com que essa sabedoria seja sua e utilize a informação para a etapa seguinte do seu desenvolvimento.

Estabeleça os seus próprios métodos de aplicação dos ensinamentos na sua vida. A aceitação sem questionamento do que é escrito ou a simples recordação do que leu ou ouviu não é "estudo". O seu estudo precisa ir mais fundo. Pergunte-se como você pode aplicar a Verdade na vida diária, para si mesmo e de acordo com as circunstâncias em que vive. Desse ponto de vista, reintegre e reorganize a Verdade dentro de você. Só quando fizer isso você pode dizer que está estudando a Verdade.

Existem dois aspectos nesse segundo estágio para a criação da utopia no coração. Depois de acumular conhecimento da Verdade dentro de si, vem a prática de entrar em ação e de transmitir a verdade aos outros. Depois de realmente ter estudado o conhecimento acumulado, como vai apresentá-lo aos outros? Quanto mais profundamente estudar, maior será sua capacidade de ensinar os outros. Quanto mais vasto o seu conhecimento, mais ativo você será de diferentes maneiras.

A pobreza das religiões atuais está na incapacidade de apresentar seus ensinamentos de maneira adequada às circunstâncias e ao estado de espírito daqueles que os recebem. É por isso que muitas organizações religiosas são agora consideradas como cultos e é melhor evitá-las. Essas religiões acreditam que somente os seus ensinamentos são corretos; tão logo recebem mensagens espirituais, tentam impô-las aos outros, sem primeiro avaliar o seu conteúdo. Essa é uma atitude equivocada quando se trata de transmitir a Verdade para os outros. Você precisa primeiro coletar materiais para adquirir conhecimento, depois incorporá-los à sua própria vida e pensamentos. Feito isso, comece a falar sobre a Verdade usando as suas próprias palavras. É importante absorver a Verdade até que ela esteja incorporada ao seu modo de agir.

Se você está aprendendo com palestras e livros sobre a Verdade, estude-os profundamente até o ponto de esquecer que já os estudou, até sentir que eles originalmente eram parte de você. Só então você pode conversar com outras pessoas sobre diferentes ensinamentos nas suas próprias palavras, expressando a Verdade por meio das suas atitudes, de um modo natural a você. Não adianta apontar para alguém uma parte específica de um livro que você leu. Se, num livro sobre a Verdade, você descobrir algo que cale fundo na sua alma, algo que toque o seu coração, adote esse ensinamento como se fosse seu. Faça dele a sua própria filosofia, e o seu próprio credo pessoal.

Depois que criar o seu próprio credo pessoal, comece a entrar em ação, ciente de que você é uma pequena parcela do reino de Deus. Eu dou muita ênfase ao processo de estudar a Verdade antes de transmiti-la aos outros, pois é nesse ponto que surgem os erros e confusões existentes nos círculos religiosos.

Os problemas ocorrem quando as pessoas tentam converter os outros antes mesmo de terem assimilado o que aprenderam. Elas não tentaram obter o domínio do seu próprio reino interior, no entanto procuram os vizinhos e, com sua própria chave, tentam destrancar o coração deles. É responsabilidade de todas as pessoas e de cada uma delas abrir o cadeado do próprio coração. Se você quer incentivar os outros a destrancar os respectivos corações, deve primeiro passar pela experiência de abrir o seu coração com a sua própria chave.

Antes de tudo, você precisa perceber o reino de Deus por si mesmo, para sentir o modo como Deus quer que você viva e ter certeza disso. Depois você sentirá paz em seu coração e uma grande alegria, a sensação de ter renascido. Se não vivenciou esse sentimento jorrando dentro de você, o sentimento de renascer e se tornar uma pessoa diferente, isso significa que o seu coração ainda está trancado. Então, sonde as profundezas do seu eu interior até que verdadeiramente sinta que está nascendo outra vez.

Aqueles que estão tomados de uma sensação superficial de satisfação criam confusão. Espero que um número cada vez maior de pessoas distancie-se do seu falso eu, superficial, e vivenciem a alegria inebriante de descobrir o eu verdadeiro, o eu que Deus sempre amou. Eu sinceramente espero que você vivencie momentos de profunda e incomparável bem-aventurança nesta vida. Eu quero ajudá-lo a saborear essa bem-aventurança e a descobrir o quanto é magnífica a verdadeira felicidade.

Uma das minhas missões mais importantes é ajudar as pessoas a sentir alegria. Se elas conseguirem senti-la enquanto estão encarnadas, não haverá confusão na próxima vida nem sofrimento no mundo espiritual.

As pessoas carregam para o outro mundo seus problemas não resolvidos e continuam a sofrer lá. Mas problemas e preocupações devem ser solucionados em vida. A libertação ou emancipação* que o budismo ensina não significa necessariamente voltar aos reinos espirituais superiores, e nunca mais nascer neste mundo. O que a libertação na verdade significa é despir-se da pesada armadura das preocupações tridimensionais. Dispa a armadura para revelar o eu diamantino.† Todos têm uma armadura pesada de ferro cobrindo o coração e o espírito – você anda por aí fazendo muito barulho. Perceba o quanto isso parece ridículo do ponto de vista espiritual.

Aos olhos dos espíritos superiores, todos na Terra andam ruidosamente. Se você fosse um desses espíritos, certamente ia querer fazer algo para aliviar a carga que as pessoas carregam. Primeiro, dispa a sua armadura. Sinta a leveza que isso propicia e o quanto essa sensação é agradável. Para ter essa experiência, você precisa gerar energia para a autotransformação, depois faça um estudo sério da Verdade e, então, torne-se um mestre da Verdade.

---

* Libertação, ou emancipação, é um estado de espírito em que a pessoa se sente livre dos apegos e limitações mundanos.
† O eu diamantino é a verdadeira natureza de um ser humano, de um filho de Deus. O eu diamantino é a natureza búdica, a natureza divina que reluz como um diamante.

Por fim, você precisa colocá-la em prática no seu dia a dia. Depois que realmente entender quantas graças recebeu de Deus, esse conhecimento o guiará à ação. Qualquer conhecimento que não se converta em ação não é um conhecimento verdadeiro. Quando você realmente souber, quando estudar de fato, o seu corpo se moverá de acordo com ela; os seus pés, as suas mãos e a sua boca serão incansáveis na difusão da Verdade. Depois que passar por esse estágio, o conhecimento não será apenas um amontoado de palavras de outra pessoa que você simplesmente repete maquinalmente – ele será autêntico.

### *Conhecendo a Verdadeira Natureza do Mundo Espiritual*

O terceiro requisito para estabelecer a utopia no coração é adquirir o conhecimento de um mundo que você não sabia que existia. Você precisa ver e vivenciar a verdadeira natureza do mundo espiritual, do Reino dos Bodisatvas da sétima dimensão e do Reino dos Tathagatas da oitava dimensão.

É importante que você conheça esses reinos enquanto ainda está vivendo no mundo físico. Nós não nascemos nesta vida na Terra apenas para retornar ao mesmo reino do céu de onde viemos. O objetivo desta vida é nos tornarmos anjos de luz, passando por várias experiências diferentes. Quando o mundo passa por dificuldades, mais luz é necessária e mais pessoas são requisitadas a se tornarem anjos de luz. Se o número de anjos de luz enviados do Mundo Real não for suficiente, é preciso que incontáveis anjos de luz sejam produzidos por meio da vida na Terra. Antes da criação dos anjos de luz, "guerreiros de luz"* também precisam se apresentar, pessoas capazes de lutar em nome de Deus.

Não podemos esperar que grandes almas reencarnem do mundo espiritual e comecem a ensinar a Lei. A menos que pessoas de grande potencial surjam entre os vivos, o movimento para a salvação não deslanchará. Não espere que espíritos elevados sejam enviados do céu; torne-se você mesmo um representante do grande espírito. Torne-se

---

* Guerreiros de luz são aqueles que continuam sua disciplina espiritual com o objetivo de se tornarem anjos de luz. Eles despertaram para a Verdade espiritual e, conscientes de sua missão, empenham-se para criar a utopia na Terra.

um Bodisatva, um anjo de luz, nesta vida. Torne-se um Tathagata, um arcanjo de luz, enquanto ainda vive na Terra. Qual é o propósito desta vida senão conduzir-nos à elevação espiritual?

Se você concluiu um estudo exaustivo da Verdade, se você se especializou na Verdade, e colocou-a em prática, você será capaz de atingir o estado dos Bodisatvas ou até dos Tathagatas. Você já recebeu os recursos, agora cabe a você se esforçar. Eu espero que você descubra a Verdade e se torne um Bodisatva, um anjo de luz. Espero que milhares de Bodisatvas surjam na Terra e que alguns Tathagatas extraordinários surjam entre vocês. Apresentem-se, Bodisatvas! Apresentem-se, Tathagatas! O mundo está precisando de luz!

Não há por que você se preocupar com vidas passadas. Vida passada é passado e esta vida é presente. Empenhe-se para se tornar uma personificação da luz nesta vida. Não se preocupe em saber quanto tempo vai levar para que as outras pessoas consigam fazer o mesmo – pode levar várias centenas, talvez milhares ou até dezenas de milhares de anos. No mundo da Verdade, não existe velocidade média. No momento em que começa a pensar com mais sabedoria, você é transformado. Essa é a natureza do mundo da Verdade. No mundo do coração, no mundo da alma, o tempo na verdade não existe, por isso, no exato momento em que você tem um pensamento, as coisas mudam. Esse é o estado que os zen-budistas tentam um dia alcançar.*

Torne-se um Bodisatva ou um Tathagata neste exato instante! Você já tem tudo de que precisa, então por que não enfrentar esse desafio? Por que não entrar em ação, fazer alguma coisa enquanto ainda existe um planeta onde você pode trabalhar e mais de seis bilhões de pessoas a quem pode beneficiar? Todas essas pessoas estão esperando que você entre em ação, então o que está esperando? Não há tempo a perder. Levante-se e mãos à obra.

Certifique-se de que compreendeu muito bem esses três passos para a criação da utopia interior, e, em seguida, não hesite em se tornar um Bodisatva ou um Tathagata. Se você acha que ainda não está preparado para atingir esses níveis, então pelo menos tenha coragem de se

---

* O zen-budismo foi fundado na China por Bodhidharma (446-528 EC). Seus seguidores tentam atingir a iluminação por meio da prática do *zazen* (meditação sentada).

tornar um guerreiro de luz, e lute para estabelecer o reino de Deus na Terra. Esse esforço fará com que novos anjos de luz nasçam na Terra. Com esforço, qualquer um pode atingir o nível de guerreiro de luz. Esse deve ser o objetivo da sua vida.

Muitas mensagens espirituais me foram transmitidas a partir do mundo celestial e eu as publiquei nos livros, mas qual o propósito disso? Por que tantos espíritos elevados estão me enviando mensagens? Por que Jesus me envia mensagens espirituais? Por que Moisés faz o mesmo?

O que está acontecendo agora, diante dos seus olhos, é algo que só acontece uma vez a cada milhares de anos – a criação de uma Era de Ouro. Você está lendo e estudando sobre a Verdade, por isso precisa se empenhar para criar uma Era de Ouro para o futuro. Se não criar essa Era de Ouro, quem fará isso? As pessoas do futuro? As pessoas do passado? Quem, exatamente? O princípio da utopia no nível individual não significa nada além de se tornar um anjo de luz. Se mais e mais pessoas se tornarem anjos de luz, este planeta se transformará numa terra búdica, num mundo ideal. Quanto maior o número de anjos de luz que se apresentarem, maior o poder para criar o mundo ideal.

## O Segundo Princípio para a Criação de um Mundo Ideal – Utopia na Sociedade

O passo seguinte para um mundo ideal é criar a utopia na sociedade. Precisamos permitir que a Verdade – a "prova escrita" dada por Deus – se manifeste neste mundo tridimensional como "prova teórica" e "prova real".*

Quem provará a autenticidade do que está escrito? Aqueles que leram e compreenderam a Verdade. Eles a provarão utilizando as leis do coração para mudar a sociedade. Você pode ler e entender, por exemplo, que é preciso estabelecer novos princípios econômicos baseados na Verdade, mas você também pode demonstrar o que pode acontecer

---

\* O termo "prova escrita" refere-se aos ensinamentos bem-estruturados deixados para nós na forma escrita. "Prova teórica" refere-se às teorias que são coerentes e racionais, do ponto de vista lógico. "Prova concreta" significa a ocorrência real de milagres ou fenômenos que estão além do entendimento humano. A Verdade autêntica é confirmada por esses três tipos de prova.

na sociedade quando esses princípios são colocados em prática. Nada mudará a não ser que você coloque a Verdade em prática no local onde mora e no trabalho.

É importante pensar em como aplicar a Verdade neste mundo tridimensional, em como esclarecer a lógica da Verdade com base na lei de causa e efeito, e como explicar a prova teórica de forma científica. Precisamos provar que a sociedade pode passar por uma reforma, e que agindo de acordo com a vontade de Deus podemos transformar a Terra no mundo búdico. A menos que experimentemos isso neste mundo tridimensional, e confirmemos com os nossos próprios olhos, não teremos verdadeiramente realizado coisa alguma.

Não se satisfaça com opiniões e julgamentos subjetivos. Não se sinta feliz com o orgulho pessoal nem se deixe envenenar pelo seu próprio bem-estar. Comprove por si mesmo que as mudanças de fato ocorrem, que a sociedade pode ser reformada, que o mundo pode mudar e que o coração das pessoas pode mudar. Você precisa provar que isso está realmente acontecendo.

Além disso, a transformação que ocorre no interior de cada pessoa precisa se tornar um grande fluxo de amor com poder para influenciar e transformar o coração de muitos. Precisamos provar que o que verdadeiramente possui valor neste mundo não pode ser visto. O que não pode ser visto com os olhos – Deus, amor, compaixão, coragem e fé – possui valor de verdade, é significativo e tem importância. Estamos vivendo num grande rio de amor, um mundo repleto de riquezas invisíveis. O princípio da utopia só se manifestará realmente quando todos conhecerem e vivenciarem essa realidade. Nesta sociedade, em que as pessoas só acreditam no que veem, iniciemos um movimento para mostrar às pessoas o valor inestimável do que não é visível.

## OITO

# O Princípio da Salvação

### Faça Inovações e Novas Descobertas

Aqueles de vocês que já começaram a estudar a Verdade precisam ter consciência de que a maneira como transcorre as suas vidas e vocês se transformam à medida que encontram a Verdade depende das descobertas que fazem no dia a dia. Embora seja fácil falar da importância de se fazer novas descobertas, muito poucas pessoas de fato se lembram disso na vida diária. O modo como você se aproxima da essência da Verdade e vive em harmonia com a vontade de Deus depende do esforço que faz a cada dia para descobrir novas coisas. Esse acúmulo de descobertas é o que dá profundidade à alma.

A vida flui num ritmo monótono para aqueles que vivem diariamente sem descobrir nada de novo, mas, para aqueles que se empenham para descobrir uma nova gota de sabedoria a cada dia, a vida é extremamente empolgante. Se você fizer da descoberta diária de novidades um desafio contínuo e pessoal, isso bastará para que possa dizer que o seu dia valeu a pena. Eu não peço isso só a você; eu também me esforço ao máximo para descobrir coisas novas e conferir mais criatividade ao meu trabalho. Em julho de 1988, publiquei cinco livros novos em um mês. As pessoas se perguntavam como era possível publicar tantos livros num período tão curto. A resposta está no meu empenho constante para imaginar novas maneiras de fazer as coisas.

Seria impossível escrever tantas obras à mão. Alguns escritores ditam suas obras, mas dessa maneira só seria possível produzir um livro por mês. Quando eu produzo um livro, planejo a exposição dos capítulos e das seções antecipadamente, e depois dou palestras com base nesses esquemas. Depois que uma palestra acaba e a transcrição é feita, já tenho nas mãos o manuscrito completo de um livro.

Normalmente, o rascunho da transcrição de uma palestra precisa ser editado, parágrafos são deletados ou acrescentados, mas, como cada palestra é baseada num esquema pronto, meus livros são produzidos com muito mais rapidez. Esse processo não pode se basear apenas na orientação espiritual; é preciso esforço pessoal e criatividade. Você também pode realizar grandes obras se imaginar novas maneiras de fazer as coisas.

Para iniciar um movimento pela salvação humana, não adianta simplesmente andar por aí carregando um cartaz. Num certo sentido, a lógica dos negócios também funciona no mundo da Verdade. O mundo dos negócios exige um aumento constante na qualidade e na quantidade; sempre existe um conflito entre essa exigência e as limitações humanas. A única maneira de resolver esse conflito é encontrar novas maneiras de realizar as coisas. Quando transmitimos a Verdade ao mundo, é essencial fazer inovações e criar novas abordagens.

Para iniciar um movimento em prol da verdadeira salvação, precisamos de mais criatividade e descobertas. A abordagem típica do trabalho missionário é inadequada. Cada pessoa vive num ambiente diferente, tem um trabalho diferente, ocupa uma posição diferente e tem um número diferente de horas livres.

Nessas circunstâncias, como transmitiremos a Verdade? É da natureza da verdade transmitir-se e propagar-se, então como vamos deixar que ela se propague na nossa vida? Esse é um difícil desafio. Contudo, se você puser isso na cabeça, certamente descobrirá centenas de maneiras engenhosas de transmitir a Verdade aos outros.

O caminho do trabalho missionário varia de acordo com a sua ocupação, o seu sexo e o seu ambiente. Se você trabalha num escritório no centro da cidade, por exemplo, pode encontrar maneiras de estudar a Verdade e difundir esse conhecimento entre as pessoas com quem faz negócios. Se você vive na zona rural, deve haver um modo de difundir essa mensagem nesse ambiente. Se trabalha em casa, pode encontrar um jeito só seu para servir como uma poderosa força na difusão da Verdade. Empenhe-se para descobrir maneiras novas e originais de divulgar conhecimento no contexto do seu trabalho, da sua posição social e do seu ambiente.

Enquanto busca o Correto Coração, você aprenderá como controlar o seu coração de modo a ser abençoado com uma vida mais próspera e feliz. No entanto, eu estou falando de maneira geral e o que eu digo pode não corresponder à sua situação, em particular. Então você precisa usar a criatividade para encontrar maneiras de usar e aplicar esses ensinamentos, de modo a solucionar os seus próprios problemas. Ocasionalmente, eu ofereço sessões de perguntas e respostas sobre o sofrimento das pessoas e, ao ler algumas delas, você pode encontrar situações semelhantes à sua.[1] Não existem dois problemas exatamente iguais, mas você pode descobrir como controlar e conduzir o seu coração e pensamentos com base nesses exemplos.

Aprender não se limita a entender intelectualmente palestras e seminários. Aprender como se aplica cada ensinamento aos seus problemas pessoais é uma tarefa que exige um certo esforço. Só depois que tiver resolvido seus problemas e superado seu sofrimento ou infelicidade, você terá poder de persuasão ou atingido um nível em que poderá falar com confiança sobre o que aprendeu. Então, quando falar às outras pessoas, poderá descobrir que as situações delas são um tanto diferentes. Será que as lições que você aprendeu por meio das suas próprias experiências se aplicam diretamente aos outros?

Esse é outro grande desafio, e é nesse ponto que os problemas relacionados às organizações religiosas muitas vezes ocorrem. As pessoas que pertencem a certas religiões tendem a pensar que suas experiências são as melhores e, crentes de que estão recomendando um remédio, elas tentam forçar os outros a pensar como elas pensam. Isso pode acabar em decepção ou desistência.

Você precisa encontrar uma maneira de superar essa barreira. O primeiro passo é conseguir entender a outra pessoa. Você precisa conhecer os antecedentes e experiências dela, o que ela pensa e quais são suas expectativas. Enquanto você estiver concentrado apenas nos seus próprios problemas, o seu aprendizado se limitará às questões que se aplicam às circunstâncias específicas da sua vida. No entanto, quando você passar para o estágio em que poderá aplicar as lições da sua vida nas circunstâncias de vida dos outros, você começará a encontrar maneiras engenhosas de levar felicidade não só à sua própria vida, mas também à vida das outras pessoas. Isso, evidentemente, resultará na felicidade das outras pessoas, mas, acima de tudo, resultará em mais felicidade ainda na sua própria vida. É como ler um romance; você vive uma vida que nunca viveu de verdade.

Quando nascemos neste mundo, cada um de nós escolhe o ambiente mais apropriado para o desenvolvimento da nossa alma. Embora o seu ambiente seja o mais apropriado para você, ele não pode lhe oferecer todas as experiências possíveis. Mesmo que mudasse de emprego muitas vezes ao longo da vida, você conseguiria ter no máximo vinte ou trinta empregos. É impossível ser ao mesmo tempo homem e mulher, ou contrair centenas de doenças diferentes ao longo de uma única vida. Quanto a ficar desempregado, existem muitos tipos diferentes de desemprego, dependendo do seu campo de trabalho, e as lições aprendidas em cada situação também diferem.

Se alguém está sofrendo devido a experiências de vida muito diferentes da sua, você precisará encontrar novas maneiras de aplicar a Verdade de modo mais efetivo. Ao fazer isso, você nutrirá a sua própria alma e aprenderá valiosas lições. Se usar a sua criatividade para guiar pessoas completamente diferentes de você, tanto a sua vida quanto as dessas pessoas serão enriquecidas.

## Torne a sua Vida mais Próspera e Efetiva

Não importa o quanto seja complicado o ambiente que você escolheu, o número de lições que pode aprender numa vida é limitado. As pessoas reencarnam neste mundo várias e várias vezes. Uma pessoa comum renasce aproximadamente uma vez a cada trezentos anos. As almas de nível elevado dos Bodisatvas da sétima dimensão reencarnam a cada oitocentos a mil anos. O ciclo de reencarnações das almas dos Tathagatas da oitava dimensão é de uma encarnação a cada um ou dois mil anos.

O nascimento na Terra é um acontecimento raro, e o número de lições que você aprende numa única vida determina se ela foi ou não um sucesso. Consciente disso, pense em como aumentar a eficácia e a prosperidade da sua vida. Em vez de se contentar em solucionar os seus próprios problemas, por que não estudar os problemas das outras pessoas também? Isso expandirá o seu conhecimento e lhe dará força para solucionar uma ampla variedade de questões. O seu esforço resultará num acúmulo de grande sabedoria interior, Prajna-Paramita,*[2] que servirá para nutrir a sua alma. É, portanto, necessário ser egoísta no sentido mais verdadeiro da palavra. Ser egoísta nesse contexto não significa se dar bem à custa dos outros; significa tirar o maior proveito possível das poucas décadas de vida e obter a melhor colheita possível de um período de tempo. Essa atitude não vai, absolutamente, contra a vontade de Deus.

Quando aplica a Verdade de um jeito prático a vários casos diferentes, você acumula experiência para traduzir a Verdade de um modo que os outros possam entender, e suas palavras dão força às pessoas para ajudá-las a superar as crises da vida. Esse esforço tem um potencial ilimitado e é nesse ponto que um caminho se abre para a evolução infinita da sua alma. O estudo da Verdade não tem limites. Enquanto você estudá-la só num nível intelectual, ela tem limites, mas depois que atingir a etapa da aplicação do conhecimento de um jeito prático, todos os limites desaparecem e o seu aprendizado assume uma variedade infinita de formas. Essa é a essência da Lei.

A Lei não é fixa, ela está sempre em mutação. Ela jorra livre e desinteressadamente, fluindo como as águas de um grande rio. Ela evapora, toma a forma de nuvens e depois da chuva, transformando-se num rio novamente. Como o rio, a Lei nutre e alimenta o coração e o espírito das pessoas, assumindo muitas formas diferentes. A Lei não tem características fixas nem uma forma particular. Embora possa assumir uma determinada forma em determinadas ocasiões, ela aquece o coração das pessoas de várias maneiras diferentes num processo de transmutação constante.

---

* Prajna-Paramita (sânscrito) é a perfeição da sabedoria. Prajna significa "sabedoria profunda" ou "sabedoria transcendental", que jorra de dentro de nós como uma fonte inesgotável.

## O Significado da Transmigração entre Planetas

A Lei assume formas diferentes para guiar as pessoas. Como já mencionei em outros livros, no universo maior existe, na verdade, uma multiplicidade de seres. Alguns pertencem a outras civilizações mais avançadas que a nossa, enquanto outras civilizações são mais primitivas. Em cada planeta, desenvolve-se uma civilização apropriada para o ambiente e os tipos de alma que reencarnam ali, e a Lei assume diferentes formas em cada planeta.

Existem muitos planetas neste universo, cada um deles com um ritmo diferente de vida e uma disciplina espiritual apropriada para os seus habitantes. O nosso planeta gira em torno do Sol, dando origem a um ano que consiste em 365 dias; e, enquanto ele gira no seu eixo, cria um dia de 24 horas. Imagine se houvesse um planeta que girasse em torno do Sol em apenas cinquenta dias. Se houvesse quatro estações num ano e o ano tivesse cinquenta dias, uma estação duraria apenas dez dias. Terminado o verão, depois de dez dias, em poucos dias seria o outono. Muito em breve as folhas cairiam das árvores e a neve chegaria. Dez dias depois, a primavera viria. Se as pessoas tivessem um ano tão curto, o ciclo de vida delas seria muito rápido e o ritmo de vida, extremamente veloz.

Mas, mesmo que essas pessoas pudessem trabalhar excepcionalmente rápido na Terra e conseguissem realizar quatro ou cinco vezes mais do que as outras, quando fossem para um planeta onde o ano durasse apenas cinquenta dias, elas pareceriam apáticas. O ritmo de vida e de trabalho na Terra pareceria um vídeo em câmera lenta. Outros, naquele planeta, trabalhariam muito mais rápido e seus pensamentos seriam mais velozes também. Para manterem-se no mesmo passo que eles, os recém-chegados da Terra teriam que fazer um grande esforço, avançando, desse modo, para o estágio seguinte do seu desenvolvimento espiritual.

O tipo oposto de pessoa aprecia a filosofia da quietude de Lao-tsé e de Chuang-tzu,[*3] e preferiria ficar em casa e meditar. Essas pessoas

---

[*] Lao-tsé (587-502 EC) foi o fundador do taoismo. Ele ensinava que todos deveriam voltar a uma vida de tranquilidade e viver em comunhão com a natureza. Chuang-tzu (367-279 AEC) foi seu sucessor.

podem achar que levam a vida mais pacífica possível, mas existe ainda um outro planeta em que um ano é composto de mil dias, o que faz com que seus habitantes sejam totalmente calmos e o seu ritmo de vida seja ainda mais lento. Nesse planeta, tudo é muito vagaroso, até as refeições. Ao se sentar à mesa, as pessoas ficam de cinco a dez minutos apenas contemplando os pratos e talheres, pensando em como devem ser usados, antes de experimentar a comida. As pessoas que pensam que o seu estilo de vida na Terra é despreocupado, seriam consideradas frenéticas. Elas constatariam: "Mesmo quando medito, sou limitado pelo conceito de meditação. A menos que eu viva de maneira mais relaxada, livre de todos os pensamentos, meu desenvolvimento espiritual não estará verdadeiramente completo. Eu ainda tenho um longo caminho a percorrer antes de atingir um estado de unidade com a natureza".

Também existem planetas em que a proporção entre habitantes do sexo feminino e masculino é desequilibrada. Por exemplo, num planeta em que só 10% da população é do sexo feminino, as mulheres são extremamente férteis e podem dar à luz cinco, seis ou até dez bebês por vez. Como abelhas-rainhas, elas têm grande autoridade e são como deusas em seu reino. Quando essas mulheres se tornam arrogantes e acostumadas demais ao poder, elas são enviadas para outro planeta onde são consideradas menos importantes, e precisam começar seu desenvolvimento espiritual novamente.

Embora você possa escolher um ambiente que, inicialmente, seja mais apropriado para o seu desenvolvimento espiritual, por meio de um longo processo de repetidas encarnações, o desenvolvimento da sua alma se torna desequilibrado devido a certas tendências. Chegará finalmente um tempo em que ele estará desequilibrado demais para evoluir na direção esperada. A cada nova era, surgem novas oportunidades para seu desenvolvimento na Terra, mas a utilidade marginal* das lições de uma alma decresce consideravelmente e a quantidade de alimento espiritual que uma alma pode adquirir numa única encarnação é limitada. Quando isso acontece, a alma humana escolhe nascer

---

* Utilidade marginal é um termo utilizado em economia para designar a satisfação ou benefício adicional que um consumidor obtém ao comprar unidades extras de uma mercadoria ou serviço. Quanto mais unidades são compradas, menor será a satisfação obtida.

num ambiente que esteja completamente em sintonia com suas tendências ou num ambiente que seja completamente diferente.

Como você já pode ter aprendido em meus outros livros, a Terra se formou há 4,6 bilhões de anos, quando um asteroide foi arremessado da sua órbita em torno do Sol. Enquanto esse asteroide orbitava independentemente, sua massa crescia. Aos poucos, ele foi se resfriando, até que criaturas vivas puderam viver na sua superfície. Isso, é claro, fazia parte do Plano, ou seja, formar diferentes ambientes para criar uma gama variada de experiências humanas. Ocorreram várias migrações de outros planetas para a Terra, que ocorreram a intervalos de centenas de milhões de anos, desde a formação da Terra. Muitas almas vieram para o nosso planeta, que passou a servir como um novo campo de treinamento para essas almas.

## A Divisão das Almas

Isso não quer dizer que nem todas as almas humanas migraram de outros planetas; também houve almas que se originaram neste planeta. Quando o nível de energia de uma alma aumenta, torna-se difícil, para ela, permanecer como um único indivíduo. A quantidade de energia pode se tornar tão grande que a alma se divide em vários espíritos. Os espíritos da nona dimensão são capazes de se dividir em dezenas de milhares, milhões ou até centenas de milhões de entidades. A quantidade de energia que pode ser contida num único corpo físico é limitada; no entanto, os espíritos que contêm grandes quantidades de energia podem se dividir.

Nos livros mais antigos de história do Japão, *Kojiki* e *Nihon-Shoki*, existem muitos contos mitológicos contando como nasceram os diferentes deuses. Por exemplo, quando um deus estava lavando os ouvidos num rio, outro deus nascia dele; o mesmo acontecia com os seus olhos e boca. Nesses contos, tanto os seres do sexo masculino quanto os do sexo feminino eram capazes de dar à luz. Embora isso pareça místico demais, essa história na verdade ilustra de maneira simbólica como a energia pode se dividir para criar vários espíritos.

Os espíritos se dividem em muitas entidades para tornar possível a expressão máxima da felicidade. Essa única pessoa pode alcançar a felicidade, e desenvolver grandeza de caráter por meio de um estado mais elevado de iluminação é maravilhoso, mas imagine a alegria de milhares de pessoas compartilhando a mesma experiência. A alegria certamente seria fenomenal.

O sentimento de felicidade é vivido com mais intensidade quando compartilhado por muitos, em vez de viver em solidão. Essa é a intenção de Deus. Se o mundo criado por Deus estivesse absolutamente perfeito, completo e acabado, ele seria como uma pintura perfeita, uma completa obra de arte. Não haveria necessidade de acrescentarmos um toque final, nem haveria espaço para alterar qualquer coisa.

No entanto, a criação de Deus é um mundo de energia, energia que é transmutada em várias formas e se desenvolve em vários fenômenos. Se pensarmos neste mundo como um mundo de energia em constante mudança, como saberemos quando atingimos o estado de perfeição?

Imagine a represa de uma usina hidroelétrica. Se ela é capaz de gerar energia suficiente para a população dessa região, pode ser considerada perfeita? Como usina, ela é perfeita, mas, do ponto de vista da energia que contém, ou da transformação e desenvolvimento dessa energia, ela não será perfeita enquanto só for capaz de gerar energia suficiente para abastecer essa população. Só quando for capaz de gerar energia ilimitada ela pode ser considerada próxima ao estado de perfeição.

Do mesmo modo, no mundo das almas e da energia espiritual, a única maneira de dizer que a criação de Deus é perfeita e isenta de falhas é afirmar que ela produz energia ilimitada. Enquanto jorra, a energia precisa se separar em vários fluxos, que se tornam tão abundantes quanto o fluxo principal; isso assegura um suprimento inesgotável de energia. A menos que isso aconteça, o mundo não pode ser considerado perfeito. Se houvesse somente um único jorro isolado de energia, estaria longe de ser completo e perfeito. Como num rio, muitos afluentes precisam se ramificar da corrente principal desse rio de energia, tornando-se eles próprios outros rios principais, que também se dividem em muitos afluentes, cada qual se tornando um rio principal. Só então esse fluxo contínuo de energia pode ser considerado perfeito do ponto de vista do estado primordial de energia. Desse ponto de vista, podemos inferir a existência de Deus e a sua intenção.

O objetivo de Deus é alcançar harmonia e evolução ilimitados em meio à diversidade e individualidade infinitas. Criar uma sociedade que se resume a um punhado de pessoas, estar em harmonia com elas e se desenvolver não é suficiente. Deus não estabelece limites com relação a números. Ele anseia pelo aumento infinito, por atingir evolução eterna enquanto expressa harmonia ilimitada. Para atingir esse fim, Deus inventou três coisas maravilhosas.

## As Três Invenções de Deus

### Criação pela Vontade

A mais importante e magnífica das invenções de Deus é a criação do mundo pelo uso da vontade. No início, Deus tinha a intenção de criar o mundo. Espíritos humanos, a Terra, as estrelas, os rios e oceanos foram todos criados pela vontade de Deus. No mundo espiritual, também existem diferentes tipos de construções e belas paisagens; todas elas foram criadas pelo uso da força de vontade. Pela vontade, muitas coisas diferentes podem ser criadas. A maior sabedoria do universo criou o mundo e todos os objetos e fenômenos que ali existem por meio da vontade.

### A Criação do Tempo

Em seguida, Deus quis colocar os objetos criados pela vontade no fluxo do tempo, para que eles "existissem". Para tanto, a invenção do tempo foi essencial.

Imagine que você exista numa fotografia. Ficaria satisfeito com uma existência bidimensional? Se você fosse fotografado, a sua imagem apareceria na foto e você certamente existiria num plano bidimensional. Mas, não importa quanto tempo alguém contemplasse essa foto, ela não mudaria; simplesmente permaneceria estática.

Quando o mundo foi criado, Deus ficou muito feliz com sua criação e ficou exultante ao ver que tinha conseguido criar tamanha variedade de indivíduos. No entanto, seres sem movimento eram como pinturas na parede; ao contemplá-los todos os dias, Deus aos poucos foi ficando insatisfeito e entediado, porque, embora esses seres existissem, não se moviam, nem se desenvolviam ou se transformavam. Deus sentiu que algo estava faltando e quis acrescentar algo mais, por isso ele começou a ter ideias sobre como desenvolvê-los. Assim, criou o tempo.

O tempo é um sistema para suportar o movimento, um meio de os seres poderem se mover e mudar. A partir da sua primeira invenção, a lei da criação pela vontade, Deus partiu para a engenhosa ideia de permitir que o mundo girasse no seu próprio ritmo e deixasse que todos os seres se desenvolvessem. O intervalo de tempo entre a primeira invenção e a segunda não passou de um instante no tempo da Terra. Com a invenção do tempo, agora, os seres podiam mudar de forma. Do contrário, o universo permaneceria num estado de total imobilidade; todos nós ficaríamos estáticos. Com essa grande invenção, o suporte para o movimento foi criado. A existência e o tempo, juntos, formaram um sistema para o desenvolvimento. No fluxo do tempo, os seres continuam a existir enquanto se transformam.

### A Criação da Direção do Desenvolvimento

Quando ele viu seres se transformando livremente de acordo com sua própria vontade, Deus sentiu que algo ainda estava faltando para a satisfação da sua intenção original, por isso ele pensou em dar uma direção específica para o sistema do movimento. Isso deu origem a uma terceira invenção: os conceitos de felicidade e desenvolvimento. Os conceitos de felicidade e desenvolvimento, que também podemos chamar de prosperidade, são como os dois lados da mesma moeda. Quando Deus deu aos seres dotados de movimento uma direção, que era o desenvolvimento, eles puderam atingir o objetivo da felicidade.

Este grande universo consiste nessas três invenções – a existência, o tempo e o desenvolvimento. No fluxo dessas três invenções, estão a nossa existência e a nossa vida.

# Gratidão pelas Invenções de Deus

## *Gratidão pela Criação pela Vontade*

Precisamos nos examinar novamente à luz das três grandes invenções de Deus. Só então tomaremos consciência do quanto é grande a bênção de existir neste universo. Existimos aqui e agora graças a uma vontade que convocou nossa existência. Se o criador do universo quisesse eliminar os seres humanos, ele poderia nos fazer desaparecer num instante. Não apenas isso, mas também poderia, com facilidade, fazer todo o planeta desaparecer. É fácil para Deus criar e destruir, por isso devemos ser gratos e ficar felizes pelo fato de nos permitir viver cada dia.

Com a visão espiritual, você percebe que os animais e plantas também têm almas. Cada flor tem cores e padrões únicos, que são a expressão de uma alma delicada. Os minerais são formas de vida que foram criadas antes dos animais e plantas, e eles também têm alma. A evolução das almas dos minerais é tão lenta que um ano para um ser humano corresponde a um milhão de anos ou até centenas de milhões de anos para os minerais. Um diamante é um bom exemplo. Os diamantes se formam a partir de depósitos subterrâneos de carbono, submetidos a pressão e calor intenso. A atividade vulcânica ao longo de muitos séculos os empurra para mais perto da superfície, onde eles são extraídos e depois usados em peças de joalheria. O tempo transcorrido durante todos esses processos é inimaginavelmente longo, mas assim é essa a vida dos minerais.

A transformação do carbono em diamante é o nascimento desse diamante. A cristalização de um diamante se compara ao nascimento de um ser humano. A vida de um diamante começa com a sua concepção e passa por um determinado processo que culmina no seu nascimento, assim como um bebê humano nasce neste mundo. Um cristal de diamante recém-nascido aos poucos aumenta de tamanho, do mesmo modo que os seres humanos crescem. Ele então surge na superfície da Terra e é usado de várias maneiras, assim como os jovens entram no mercado de trabalho. Esses minerais também têm sua própria história de vida e possuem uma alma que lhes permite formar cristais minerais. Essas almas são estáticas e sem movimento, mas têm o poder de criar cristais e atrair átomos e moléculas específicas.

É importante entender o significado do fato de que todos os seres são criados por meio do uso da vontade. Saiba que nenhuma criação é acidental, pois cada ser ou objeto só existe porque há uma vontade que lhe permite estar aqui.

### Gratidão pela Criação do Tempo

A segunda invenção pela qual devemos ser gratos é a criação do tempo. Só depois que o tempo foi criado passamos a ser capazes de viver; sem ele, seríamos totalmente destituídos de movimento, como manequins. Não haveria felicidade nessas condições, por isso devemos saborear e apreciar o sentimento de felicidade que temos em resultado da existência do tempo.

Nos países industrializados, os seres humanos vivem de setenta a oitenta anos; esse provavelmente é o período ideal de tempo para nossas almas evoluírem. A vida de um cão dura somente de dez a quinze anos, e alguns cães vivem apenas dois ou três anos. A cigarra vive embaixo da terra durante muitos anos e apenas uma semana na superfície. Cada criatura tem um período de vida apropriado para o seu desenvolvimento espiritual.

Existe um conto de fadas sobre um homem que obteve a imortalidade por meio de uma poção mágica. Ele viveu muito feliz até chegar aos 100 anos de idade. Então seus amigos começaram a morrer, um após o outro, mas ele permaneceu jovem por mais quinhentos anos, depois mais mil. Essa história ilustra como seria triste e doloroso se não pudéssemos morrer.

Por sermos humanos, aspiramos pela vida eterna e também queremos evitar a estagnação. Nós envelhecemos e morremos, mas existem muitas pessoas que temem a morte. No entanto, poder morrer depois de viver uma vida inteira é uma alegria. Assim como as borboletas deixam seu casulo para sair dali renovadas, por meio da morte nos é dada a chance de continuar o desenvolvimento da nossa alma. O fato de nos ser concedida a oportunidade de darmos um passo à frente é na verdade uma imensa dádiva da compaixão divina. Pense sobre a grandiosidade desse amor que recebemos: ter a chance de encarnar várias e várias vezes e viver vidas diferentes. Só podemos viver por causa da invenção do tempo, que permite que este planeta exista, gire em torno do seu eixo uma vez a cada 24 horas e complete seu movimento orbital em torno do Sol a cada 365 dias. Essa é uma grande alegria que todos deveriam lembrar e valorizar.

### *Gratidão pela Criação da Felicidade como nosso Propósito*

Há uma terceira invenção que nos leva a conhecer o contentamento. Deus criou a estrutura do desenvolvimento cósmico com um propósito, que é buscar uma felicidade maior. Que alegria e bênção é essa invenção!

E se o objetivo da lei do movimento fosse o esgotamento, a destruição, a extinção ou a morte? Este mundo seria um lugar muito sombrio e melancólico. O egoísmo pode causar problemas nos relacionamentos com as outras pessoas, mas o fato é que o desejo mais acalentado de todo ser humano, animal e planta é ter uma vida mais abundante, uma expressão de grande compaixão. Se toda forma de vida contivesse apenas impulsos autodestrutivos, este mundo seria um lugar pavoroso de se viver. O stress da civilização leva os seres humanos a travarem guerras, mas e se as almas humanas fossem criadas com o desejo inato de matar quando atingissem a maioridade ou com uma tendência inata para destruir?

Imagine, por exemplo, uma lei da natureza que ordenasse que os jovens, quando atingissem a casa dos 20 anos, tivessem que matar os pais. Um mundo assim poderia existir, mas graças a Deus o nosso mundo é diferente. Felizmente, temos o desejo de progredir e nos desenvolver na direção da felicidade. Desnecessário dizer que esse desejo é comum em pessoas do mundo todo, e somos abençoados por termos sido criados dessa maneira.

## A Reencarnação das Estrelas e dos Planetas

O espaço também é uma grande bênção. Graças ao atual tamanho da Terra e à lei da gravidade, podemos viver num corpo físico.

Imagine o que aconteceria se, sob enorme pressão, a Terra fosse comprimida até se tornar uma bola com menos de três centímetros de diâmetro, um buraco negro. Se o tamanho da Terra fosse reduzido até ficar um pouco maior que um botão, todo calor e luz que irradia do nosso planeta seria sugado para dentro dele e até o espaço à sua volta ficaria distorcido. Vivemos num mundo tridimensional. No mundo espiritual, existem nove reinos espirituais dimensionais habitados por espíritos humanos. A nona dimensão é o nível mais elevado que um espírito humano pode atingir; nessa dimensão, existem atualmente dez espíritos, cada qual com suas próprias características. Além dela está a décima dimensão, onde existe a consciência planetária, a saber a Consciência do Grande Sol, a Consciência da Lua e a Consciência da Terra.[4]

Assim como os seres humanos reencarnavam várias e várias vezes, os corpos celestes também passam pela reencarnação. Como consciência planetária, cada planeta tem sua própria alma e seu próprio ciclo reencarnatório, embora a extensão desse ciclo seja diferente para cada alma. O ciclo médio de reencarnações para um planeta é aproximadamente de quinze bilhões de anos. Dentro desse ciclo, a consciência planetária reencarna e, a certa altura, o planeta passa pela morte física. No curso da sua história, um planeta pode morrer em resultado de um acidente ou em consequência de uma colisão ou explosão. Mas um planeta também pode morrer de morte natural. As consciências da décima dimensão determinam esses ciclos e fazem os ajustes necessários.

No caso da consciência planetária da Terra, o globo é seu corpo físico, que é constituído de uma massa de extensas células. Assim como um espírito humano habita um corpo físico que depois de setenta ou oitenta anos entra em declínio e morre, a Consciência da Terra habita no planeta físico, que um dia morrerá. Depois que a Terra tiver existido por quinze bilhões de anos, ela começará a se deteriorar como entidade viva.

Quando os planetas estão para morrer, eles se tornam buracos negros. Depois de cumprida sua missão, um planeta com uma circunferência de dezenas de milhares de quilômetros contrai-se até se transformar numa circunferência de menos de três centímetros, depois se desintegra e desaparece. A gigantesca consciência planetária também se torna muito pequena – tão pequena quanto um embrião humano no útero materno – e depois entra em outro planeta para nascer novamente.

Existem muitas maneiras de um planeta nascer. Alguns se desprendem do Sol, enquanto outros são criados por explosões repetidas, que concentram e condensam gases e poeira cósmica. Um planeta que tenha passado pelo estágio de buraco negro torna-se o núcleo desse fenômeno. Nesse estágio, a alma cai num estado de dormência e perde a consciência, exatamente como acontece com a alma humana nesse estágio, quando ela entra num embrião. Com essa alma como núcleo, muitos tipos diferentes de fenômenos naturais começam a ocorrer em volta dela, como a criação de um vórtice de poeira cósmica; depois, uma força centrípeta aos poucos se manifesta e começa a provocar diferentes acontecimentos. Em resultado, nasce um novo planeta.

Como, no caso de um planeta, o ciclo médio de reencarnações é de quinze bilhões de anos, a Terra provavelmente continuará a existir por um bom tempo antes de começar a morrer naturalmente.

## O Princípio da Salvação: O que Dizer aos Outros

Para compreender o princípio da salvação, é importante entender a natureza do universo e da existência humana. A menos que compreendamos esses fundamentos básicos, perderemos terreno nos nossos esforços para transmitir a Verdade.

Qual é o propósito de difundirmos a Verdade? É para fazer propaganda da nossa organização, de modo que possamos ter a satisfação de ver nossas cifras aumentarem? Ou existe um propósito maior? Precisamos entender claramente todas essas questões básicas antes de prosseguir com planos concretos de ação.

### A Existência é Criação de Deus

O que é crucial transmitir às outras pessoas, inclusive àquelas que ignoram a Verdade ou até àquelas que não querem saber da existência de Deus e da alma? Antes de mais nada, precisamos falar a elas sobre a primeira invenção de Deus: a criação do universo, dos seres humanos e de toda a vida por meio da vontade dele. Precisamos expressar essa primeira verdade com as nossas palavras e depois transmiti-la aos outros. Aqueles que não sabem como este mundo passou a existir tendem a ter uma visão materialista da vida e acreditam que a vida na Terra é meramente acidental. Eles acham que foram lançados por acaso neste mundo, que nasceram por acaso num ambiente aleatório. Eles acreditam que a morte é o fim de tudo. No entanto, essa visão da vida contradiz claramente a Verdade que foi revelada e ensinada ao longo da história humana. Para essas pessoas mudarem a sua visão da vida, elas precisam que alguém lhes explique a verdade de uma maneira que possam entender.

Só quando percebermos que essencialmente somos todos parte da criação de Deus, poderemos cuidar uns dos outros e despertar para a gratidão verdadeira. Enquanto as pessoas virem a vida como uma mera consequência de um acidente, não haverá espaço para que a gratidão e a felicidade brotem dos nossos relacionamentos com os outros. É por isso que é tão importante começar a explicar a primeira invenção de Deus com as nossas próprias palavras.

A existência da alma e do corpo é uma extensão dessa primeira Verdade. O mundo da matéria foi criado, e é mantido, por meio da transformação da energia espiritual. Tudo neste mundo fenomenal desenrola-se como uma extensão da primeira invenção de Deus.

## *O Significado do Tempo*

Em seguida, é essencial falar para as outras pessoas sobre a segunda invenção de Deus, o significado do tempo. O tempo tem dois significados. O primeiro proporciona o contexto para a nossa vida individual. Precisamos informar as pessoas sobre a melhor maneira de usar o tempo que nos é concedido nesta vida e como criar um tempo que leve em conta o valor da Verdade.

Em meu livro *Love, Nurture, and Forgive*,[5] eu discorro sobre os dois tipos diferentes de tempo em que vivemos – o "tempo relativo" e o "tempo absoluto". O tempo relativo refere-se ao tempo que podemos medir objetivamente com o relógio. Se eu falar em público durante uma hora, uma hora se passará para cada ouvinte. No entanto, dependendo da proporção de Verdade que uma pessoa digerir e assimilar nessa uma hora, uma vida pode se expandir infinitamente. Para algumas pessoas, uma experiência de iluminação como essa equivale a viver uma eternidade. Esse tipo de tempo, que contém o valor da Verdade, é o tempo absoluto.

Isso reflete a teoria da relatividade, de Einstein, no que diz respeito à Verdade, pois nela tanto o tempo relativo quanto o absoluto existem. Trata-se da lei da física aplicada ao domínio da Verdade.

O segundo significado do tempo tem a ver com o significado da era em que vivemos. Realmente precisamos entender o significado da nossa era atual no contexto da longa história da humanidade e deixar de viver uma vida enfadonha. Estamos vivendo um momento decisivo da nossa época. Em face do infortúnio e da confusão, precisamos urgentemente transmitir a Verdade aos outros. Os espíritos elevados do céu têm pressa e nós devemos ter também.

Se você não entende o significado destes tempos em que está vivendo, talvez esteja esquecido. Quero publicar muitos livros sobre a Verdade o mais rápido possível, pois a tocha do Darma deve ser acesa antes que uma era muito mais difícil se aproxime. Temos pressa em assentar as bases, torná-las sólidas e difundir a Verdade. Você está vivendo um momento decisivo para a humanidade.

### A Felicidade como Objetivo

Por fim, precisamos buscar com fé a terceira invenção de Deus: o objetivo da felicidade. O objetivo da humanidade não é a sobrevivência de um punhado de pessoas apenas, nem é a sobrevivência de uma única nação ou cultura. Desde o princípio, a expectativa era que tivéssemos todos os tipos de individualidade e diversidade, e buscássemos uma felicidade infinita por meio da expressão da harmonia e da evolução universais. Sem felicidade, não pode haver salvação.

O movimento em prol da salvação precisa incluir estes três aspectos: o poder que permite que todos os seres existam, a criação do tempo e o objetivo da felicidade. Com essas três ideias como base, podemos seguir adiante e criar um mundo ideal.

NOVE

# O Princípio da Reflexão

## O que é Reflexão?

A Happy Science iniciou o movimento para difundir a Verdade com a publicação de livros sobre a Verdade. Ela está crescendo para se tornar uma grande força que, no devido tempo, acabará por influenciar o mundo inteiro.

A Verdade foi estabelecida de múltiplas formas e, ao estudá-la, você pode achar difícil perceber em que ponto você realmente está com relação a ela. Nesse estágio é crucial que você se concentre no estabelecimento do eu.\* Depois que começamos a sentir o sopro do desenvolvimento, precisamos voltar ao eu, mergulhar dentro de nós e reunir a força interior que sustentará nossos passos e desenvolvimento futuros.

No meu livro *The Essence of Buddha* [A Essência de Buda] eu descrevo numa linguagem simples os pensamentos do Buda Shakyamuni, que viveu na Índia há 2600 anos. Talvez eu revele os detalhes dos seus 81 anos de vida em outro livro, mas, para começar, condensei os ensinamentos da sua vida com o intuito de apresentar a estrutura do budismo. Mesmo que você tenha lido muitas escrituras budistas, não pode dizer que captou a essência dos ensinamentos budistas enquanto não compreender o conteúdo desse livro. O que Buda queria transmi-

---
\* Você precisa antes estabelecer o seu próprio eu para que então possa salvar as outras pessoas.

tir? Em resumo, a mensagem contida em *The Essence of Buddha* é "Entenda a importância da reflexão".

Você pode estar se perguntando por que praticamos a reflexão e qual é o seu propósito. Podemos indagar, "Nós a praticamos só porque em geral as pessoas acham que isso é bom, ou será que o ato da reflexão tem algum significado mais profundo?

Foi-me concedida a capacidade de ver, ouvir e saber coisas das quais a maioria das pessoas não se dá conta. Tenho que dizer que, embora você possa acreditar que tenha uma vida independente e autodeterminada e tenha controle de quase 100% dos seus pensamentos e ações, esse não é necessariamente o caso. Você precisa aceitar a possibilidade de que está sendo manipulado como uma marionete.

Muitos acontecimentos estão se desencadeando no mundo invisível e as influências espirituais desses acontecimentos determinam se podemos ou não viver uma vida feliz. Embora tantas pessoas – mais de seis bilhões – vivam agora na Terra, a maioria delas não tem consciência de que está sob algum tipo de influência espiritual negativa. Na realidade, muito poucos estão sob a orientação direta de seus guardiões ou espíritos guias.*

A maioria das pessoas está exposta a vibrações negativas em certos momentos do dia, embora a duração e extensão da influência dessas vibrações variem de pessoa para pessoa. É triste que, como filhos de Deus, vivamos em condições tão lamentáveis. Os seres humanos se consideram a mais poderosa de todas as criaturas da Terra; no entanto, eles são influenciados pelos espíritos animais, ou espíritos que se desviaram. Muitas pessoas se veem presas a uma vida que nunca imaginaram, sofrendo consequências negativas e assumindo a responsabilidade por essas consequências. Sempre que vejo pessoas que deixaram que suas vidas fossem influenciadas pela malevolência desses espíritos, e em resultado caem num abismo espiritual, fico ainda mais determinado a eliminar essas influências negativas para que as pessoas possam viver plenamente cada dia de suas vidas.

Por que você se deixa levar por essas influências negativas? Desperte imediatamente para a verdade de que é um filho de Deus; é hora

---

* Os espíritos guias ajudam as pessoas que têm uma grande missão a cumprir.

de deixar que a sua natureza divina resplandeça. O caminho para alcançar esse objetivo é a reflexão, cuja importância é ensinada desde tempos antigos.

## Os Três Corretos Caminhos de La Mu

Como indiquei anteriormente, em torno de dezessete milhões de anos atrás, no antigo continente conhecido como Mu, havia um grande imperador chamado La Mu. Ele ensinava seu povo sobre a importância de se praticar a reflexão, dizendo, "Restaure seu eu verdadeiro. Para tanto, elimine as vibrações materialistas negativas e dissipe toda ansiedade de seu coração".

Desde tempos antigos, muitos espíritos de luz têm vindo à Terra para ensinar e guiar pessoas que vivem circunstâncias muito diferentes. Ao longo de todas essas eras, sempre existiu um ensinamento imutável: "Com a força da sua própria vontade, corrija seus erros. Só quando fizer isso, o grande rio do destino fluirá na direção dos seus desejos". Uma das maneiras de corrigir erros consiste nos Oito Corretos Caminhos, ensinados pelo Buda Shakyamuni. La Mu ensinou um caminho diferente, que eu chamo de Os Três Corretos Caminhos.

O primeiro passo nos Três Corretos Caminhos de La Mu era a reflexão sobre o amor. La Mu ensinava, "Os seres humanos devem sempre amar uns aos outros, por isso reflita todos os dias se você está ou não dando amor aos outros".

O segundo ensinamento era "Reflita sobre o dia de hoje e veja se foi ou não capaz de ficar em sintonia com o coração de Deus, do seu guardião e dos espíritos guias que estão mais perto de Deus". Ele ensinou, "Se você não consegue ouvir a voz do seu guardião e espíritos guias, direta ou indiretamente, é porque nuvens estão encobrindo seu coração, obstruindo essas vozes".* Se a agulha da bússola do seu coração não apontar para o mundo celestial, a causa deve estar nos seus pensamentos e atitudes ao longo do dia. Portanto, reflita sobre os seus pensamentos e atitudes".

---

* Originalmente, o coração é puro, mas quando a pessoa tem pensamentos que vão contra o coração de Deus, como raiva, ressentimento e ciúme, nuvens encobrem o coração e obstruem a luz divina.

O terceiro ensinamento de La Mu era "Reflita sobre o que aprendeu durante esse dia. Verifique se não desperdiçou o dia. A vida acaba numa questão de décadas e nascer neste planeta nas circunstâncias em que você vive agora é uma rara oportunidade. Só aqueles abençoados com muita sorte nascem numa era em que a Verdade está sendo ensinada. Não desperdice esta vida. Não desperdice este ano. Não desperdice este dia. Aproveite todas as suas experiências como material para aprendizado. Não termine seu dia sem ter aprendido coisa alguma. Não deixe passar uma hora, um minuto ou mesmo um segundo sem que tenha aprendido alguma coisa".

Você pode achar que os Oito Corretos Caminhos é um método definitivo de reflexão. Mas o ponto de partida da reflexão é a forte resolução de não desperdiçar o tempo concedido a cada um de nós nesta vida. Se você tomar essa ideia como a essência da autoanálise reflexiva, poderá praticá-la de muitas maneiras diferentes.

Eu ensino a "versão genuína" dos Oito Corretos Caminhos, que reinterpreta a versão tradicional no contexto da era moderna, para que todas as pessoas possam compreender o que Shakyamuni realmente ensinou. No entanto, esse não é o único método de reflexão; existem muitos outros, apropriados para os vários níveis de desenvolvimento e compreensão espiritual. Eu recomendo os Três Corretos Caminhos de La Mu por ser um jeito simples de começar a praticar a reflexão. Como existem apenas três critérios a verificar, é relativamente fácil praticá-los sem demora.

Primeiro, verifique se deu amor aos outros hoje. Os seres humanos nasceram para dar amor. Não dar amor é algo que vai contra a sua verdadeira natureza.

Segundo, reflita sobre a harmonia do seu coração. Se não está conseguindo se comunicar com o seu guardião e espíritos guias, é porque a vibração do seu coração está conturbada. Portanto, acalme a vibração do seu coração e faça um esforço diário para manter a serenidade interior.

Terceiro, reflita sobre se aprendeu o máximo que podia no dia de hoje. Esse aspecto da reflexão cria um eu mais positivo.

Muitas pessoas acham que a reflexão é simplesmente um processo de analisar o passado, mas o verdadeiro propósito da reflexão é corrigir os seus pensamentos e atitudes erradas e aprender com eles, criando assim uma vida mais construtiva. Mais do que simplesmente descobrir os erros cometidos no passado e tentar compensá-los, como que reiniciando uma leitura negativa a partir do zero, o objetivo final da reflexão é o desenvolvimento de um eu mais positivo e a realização da utopia na Terra, como o cumprimento da vontade de Deus. Esse é o ponto em que não mais podemos diferenciar a reflexão da oração. Não devemos apenas nos concentrar no método e perder de vista a intenção. A essência da reflexão pode se resumir a uma única afirmação: devemos tentar nos corrigir e desenvolver um eu mais positivo, de modo a contribuir mais com a sociedade.

A reflexão tem alguns aspectos complexos e seus efeitos muitas vezes podem não ser óbvios. Muito poucas pessoas entendem de fato o poder notável da reflexão. Com a visão espiritual, podemos ver que, no momento em que uma pessoa começa a refletir, ela se eleva acima das influências espirituais negativas que a prendiam, como se as amarras que a aprisionavam fossem rompidas.

## Manifestando a Natureza Divina Interior

Muitas pessoas acham que a luz vem de um poder superior que está fora de nós, e que a luz desse poder exterior possibilita a nossa salvação. Esse conceito tem um fundo de verdade. Quando faz as orações dos nossos Livros de Orações, você se torna uma fonte espiritual que emite energia ou vibrações espirituais, criando uma ponte de luz que o liga aos reinos dos espíritos superiores. Por meio dessa ponte, os guias espirituais lhe dão força.

Contudo, esse não é o único aspecto da luz divina. Uma razão que me levou a tratar da prática da reflexão antes de tratar da prática da oração foi deixar claro que a luz nem sempre vem de fora. A essência da reflexão que Shakyamuni ensinou é que "a luz emana de dentro".

Aqueles que assistiram aos seminários sobre meditação na Happy Science e praticaram a Meditação sobre a Felicidade provavelmente conheceram a Meditação da Lua Cheia.\* Essa meditação não é uma sim-

---

\* A Meditação da Lua Cheia, praticada desde os tempos de Shakyamuni, é uma meditação em que o coração se harmoniza por meio da visualização da Lua Cheia.

ples prática meditativa; ela representa o estado supremo que pode ser atingido por meio da reflexão. Quando eu pratico a reflexão, volto-me para o meu eu interior, mergulho fundo em meu coração e descubro uma imagem de mim mesmo. Não se trata de um corpo físico, mas de algo que se parece com uma estátua dourada de Buda. A luz emana dessa imagem, especialmente do abdômen inferior. Esse estado reflexivo, que se alcança por meio da Meditação da Lua Cheia, é na verdade o estado perfeito da reflexão. Quando você praticar a reflexão, examine cada um dos pensamentos que passam em seu coração e depois entre num estado de profunda concentração. A sua prática de reflexão, porém, só estará completa depois que você imaginar a luz irradiando de todo o seu corpo. Essa luz é chamada de aura, ou auréola, e não é meramente um fenômeno físico. Para a visão espiritual, o seu corpo parece uma estátua dourada que emana uma luz intensa em todas as direções. Essa é uma luz diferente da luz que você recebe quando está orando. Essa luz vem do alto, enquanto a luz que irradia a partir da reflexão vem de dentro. Depois que você tiver esse conhecimento, será capaz de entender a estrutura do coração.

O coração humano é constituído de várias camadas, como uma cebola. A quarta até a décima dimensão formam camadas, umas dentro das outras. Depois que você perceber a luz que irradia de dentro, tomará consciência dessas camadas.

No centro do coração humano está o seu núcleo, que está ligado ao Mundo Real e até ao mundo que está além do reino dos espíritos humanos. A nona dimensão é a mais elevada esfera em que existem espíritos humanos,* mas dentro de nós existe uma parte que recebe luz da décima dimensão, e até de mais além. É importante saber como buscar essa luz dentro de nós. A parte mais profunda do nosso coração está ligada à Consciência Suprema que existe nos mais profundos recessos do grande universo.

Ali reside o ensinamento central do Buda Shakyamuni. Podemos fazer uma clara distinção entre os ensinamentos de dois grandes mestres espirituais, Jesus Cristo e o Buda Shakyamuni, no que se refere a

---

\* O reino mais elevado a partir do qual um espírito do grupo espiritual terrestre pode assumir a forma humana é a nona dimensão.

esse ponto. Jesus percebia o Absoluto, que transcende os seres humanos e existe muito além deles; ele às vezes se referia e esse ser como "Pai" e outras vezes como "Deus". Jesus entendia e ensinava sobre uma existência transcendental muito mais grandiosa do que a alma humana que reside no corpo físico. Esse é o ponto de partida da fé num poder exterior.*

Shakyamuni não ensinava sobre um poder exterior. Ele não considerava os seres humanos da Terra, ou almas que habitam um corpo físico, como criaturas fracas. Os seres humanos parecem frágeis, e alguns cristãos acreditam ser pecadores. Jesus não dizia que os seres humanos eram pecadores.† Aos olhos de Shakyamuni, os seres humanos são na verdade poderosos, dotados de um forte núcleo interior. Evidentemente, ele via pessoas sendo levadas pelas correntes do destino e engolfadas pelo vórtice do carma. Ele observou muitas pessoas frágeis, assim como Jesus, mas Shakyamuni reconheceu a luz divina no âmago de cada pessoa. Por isso ele não considerava a fé como reverência por algo muito distante. Em vez disso, seu ensinamento era "Desperte para a luz interior, o seu núcleo central". Ali você pode encontrar tudo. Ali você pode ver tudo e receber todo o poder".[1] Em sua visão de mundo, o universo interior envolve o exterior. Só por meio dessa perspectiva o ato de fé se transforma numa energia ainda mais poderosa.

O eu interior e a consciência transcendental exterior não existem separadamente; eles têm a mesma fonte. Aqueles que estão plenamente despertos para esse fato podem ser verdadeiramente fortes e viver com vigor e coragem. Os ensinamentos do budismo podem ser resumidos num único princípio: "Pare de pedir ajuda exterior para tentar escapar, por acreditar que você é fraco. Você não é fraco. Buda vive dentro de você. Contemple a natureza búdica no seu interior e desperte para sua existência. Manifeste a natureza búdica que existe dentro do seu coração". Até que você compreenda essa verdade, não pode dizer que entende o budismo. O seu desafio é mergulhar fundo no seu coração para descobrir essa luz interior, o fogo dentro de você.

---

\* As religiões que dão ênfase à fé num poder exterior tendem a acreditar que se pode atingir a felicidade e ser salvo por meio unicamente da devoção a esse poder exterior.
† Alguns cristãos acreditam que nasceram em pecado e só podem ser perdoados por Deus.

# Os Oito Corretos Caminhos: Versão Genuína

## *Correta Visão*

Nos Oito Corretos Caminhos, a Correta Visão vem em primeiro lugar. Isso significa verificar se você está vendo as coisas como elas são ou com base na correta fé, sem preconceitos. Essa pode parecer uma tarefa simples, mas quantas pessoas realmente se perguntam se estão vendo as coisas corretamente ou não?

Existem três pontos de checagem para a Correta Visão. O primeiro é a sua perspectiva das pessoas à sua volta. Grande parte do sofrimento humano é causada pelos relacionamentos pessoais, por isso verifique se você está vendo corretamente as outras pessoas e seu jeito de ser. Correta Visão significa ver as coisas exatamente como Deus as veria. Verifique se os seus pontos de vista estão de acordo com a imagem do mundo refletida no espelho do coração de Deus.

Outro ponto de checagem é o modo como você se vê. Verifique se você foi afável consigo mesmo hoje, se viu a si mesmo com preconceito e se a sua autoestima foi alta ou baixa. Você avaliou a si mesmo no reflexo do coração de Deus ou se valeu dos seus próprios critérios para se justificar. Essa prática o leva a se ver com mais exatidão.

O terceiro ponto de checagem é a sua visão dos relacionamentos com os outros. Muitos acontecimentos diários ocorrem em resultado do fato de as pessoas viverem e trabalharem de modo interdependente. Verifique se você observou esses acontecimentos corretamente. Veja se teve uma perspectiva justa sobre o que aconteceu durante o dia ou sobre todos os incidentes que aconteceram à sua volta.

Só por meio da prática dessa reflexão, a natureza búdica, a natureza divina adormecida dentro de você, aos poucos despertará. À medida que a sua prática da Correta Visão se aprofundar, você começará a ver os outros de modo diferente. Será capaz de diferenciar sem dificuldade o "Eu" dessas pessoas – uma manifestação do seu ego – da sua verdadeira natureza divina. Quando eu olho para as pessoas, não estou vendo uma forma humana vestindo roupas, mas sim a luz do Buda que existe dentro de cada uma delas. O que eu vejo é em que medida cada pessoa está manifestando sua verdadeira natureza como filho de Deus, e como essa luz irradia. A aparência externa de uma pessoa não é importante. Ela é só uma imagem fugaz, como as imagens de um filme projetado na tela, que aparecem e desaparecem sem deixar rastro. O que eu realmente quero ver, e realmente quero conhecer, é a parte de você que nunca muda em meio a esta vida em constante mudança. Essa é a sua natureza búdica.

### Correta Expressão

Outra importante prática dos Oito Corretos Caminhos é a Correta Expressão. Essa é uma prática difícil, embora seja o ponto de checagem mais evidente da reflexão. É tão difícil que não podemos dominá-la a fundo em apenas um ou dois anos. O controle das nossas palavras requer um grande esforço, mas a sociedade humana está edificada sobre palavras.

A reflexão sobre a Correta Expressão não se limita a palavras faladas. Ela inclui também as palavras escritas e a linguagem corporal, que às vezes expressa seus pensamentos de modo mais eloquente que as palavras. As suas expressões faciais e seus olhos são mais articulados do que seus lábios. As sutilezas dos seus olhos e do seu rosto expressam mais seus sentimentos do que aquilo que sai da sua boca. A reflexão sobre a Correta Expressão inclui toda a sua expressão corporal.

O Mundo Real é um mundo de pensamento. Nesse mundo, não há distinção entre pensamentos e ações, pois eles são uma coisa só. Tudo o que você pensa, seja bom ou ruim, manifesta-se imediatamente. Na Terra, porém, os seus pensamentos nem sempre produzem resultados diretos; eles se manifestam por meio de suas palavras e ações. Por essa razão, você precisa ter consciência de suas palavras.

Os espíritos infernais típicos nunca falam uma palavra em favor da felicidade alheia, apenas em favor da sua própria. Eles não percebem que as palavras que proferem corrompem tanto eles mesmos quanto a sua natureza divina.

As palavras são fascinantes; elas nos mostram com mais clareza do que qualquer outra coisa se estamos ou não vivendo de acordo com a vontade de Deus. Se você acha difícil praticar a reflexão profunda, pense sobre as palavras que profere. Tente imaginar como será o mundo dos anjos. Não pode haver céu num lugar onde as pessoas ferem umas às outras com palavras.

Dito de outra maneira, o céu é criado com palavras. Os espíritos infernais não têm corpo físico e existem como pensamentos. Se quiserem transformar o inferno em céu, precisam corrigir suas palavras; basta isso para que um mundo celestial imediatamente se manifeste. É simples assim. Muitas pessoas são incapazes de praticar a Correta Expressão e é por isso que existe o mundo inferior.

Não existem limites para a Correta Expressão. Ela deve ser composta, em última análise, pelas expressões da Verdade que possuem o poder espiritual mais forte e aprimorado. O simples fato de não ter dito nada que ferisse outras pessoas não significa que você concluiu a reflexão sobre a Correta Expressão. Você precisa aprofundar sua reflexão e examinar quantas palavras da Verdade você poderia ter oferecido aos outros, mas não o fez. Muitas pessoas se sentem satisfeitas depois de verificarem se não tinham proferido palavras ofensivas, no entanto a reflexão vai muito além disso. Quantas expressões da Verdade você transmitiu às pessoas que encontrou? Foi capaz de nutrir suas almas e acender uma luz em seus corações? Você precisa sempre verificar esses pontos quando praticar a reflexão.

### Correta Vida

O terceiro caminho dos Oito Corretos Caminhos é a Correta Vida, ou o ato de levar uma vida com correção. O sentido original da Correta Vida é "cumprir o propósito da vida".[*2] O que significa propósito da vida? Significa deixar que a nossa alma, que é impelida pelo tempo e pelo espaço, manifeste seu estado original.

Ao fazer uma retrospectiva das últimas 24 horas de um dia, pode haver ocasiões em que você pense que agiu bem, mas será que essas horas estavam em sintonia com a vontade de Deus? É possível que outra pessoa tenha despertado para a Verdade de maneira mais profunda, tirando proveito dessas 24 horas de maneira mais eficaz? Faça a si mesmo essas perguntas e você perceberá que a reflexão sobre a

---

[*] Uma maneira de refletir sobre o cumprimento do propósito da sua vida é imaginar como se sentiria no momento da sua morte.

Correta Vida nunca tem fim. Correta Vida significa um uso mais eficaz do tempo que a vida lhe concedeu.

Não se trata do tempo medido pelo relógio, onde uma hora é uma hora para todo mundo, mas do valor absoluto do tempo, quando a pessoa está vivendo de acordo com a Verdade. Esse tempo tem um valor espiritual diferente para cada um de nós. Da perspectiva da Verdade, uma hora gasta por uma pessoa pode não valer um minuto ou até um segundo para outra, e essa mesma uma hora pode valer mil anos para uma terceira pessoa. Para aqueles que ouviram o sermão de Jesus, o valor dessa uma hora pode ter sido o de dois mil anos em termos de valor absoluto.

Quanto tempo você viveu com o seu eu verdadeiramente desperto? A maioria das pessoas pode se sentir satisfeita quando considera até que ponto passou seu tempo com eficiência e eficácia. No entanto, quando você se pergunta se é capaz de viver um dia de um modo que ele tenha o valor de uma vida inteira, ou até mil ou dois mil anos, você perceberá que existem possibilidades infinitas para o aprimoramento.

## Correta Ação

O caminho seguinte dos Oito Corretos Caminhos é a Correta Ação, ou Correto Trabalho. Para aqueles que têm uma profissão, esse ponto de checagem pode parecer semelhante ao da Correta Vida.

No entanto, você algum dia já considerou sobre o significado do seu trabalho, seja ele num escritório, numa fábrica, na rua ou em casa? A maioria das pessoas passa pelo menos um terço da vida trabalhando, depois que se tornam membros contribuintes da sociedade. É fácil se deixar absorver pela rotina diária e nunca se perguntar por que você está trabalhando. Você está satisfeito com o fato de usar seu tempo meramente para ganhar a vida? Ganhar dinheiro é a sua única motivação para trabalhar? Suponha que sua vida fosse acabar hoje e que você fizesse uma retrospectiva da sua vida inteira. Poderia dizer que seu trabalho era exatamente o que você gostaria de fazer? No trabalho, você se empenha ao máximo ou sente que poderia ter se esforçado mais? Você poderia dizer que trabalhou com todo o seu coração e a sua alma?

O seu trabalho é importante em dois aspectos. Primeiro, é o ponto de partida para construir um mundo ideal na Terra. É importante saber que, por meio do seu trabalho, você pode fazer mudanças na sociedade e no ambiente à sua volta.

Segundo, a sua ocupação lhe proporciona matéria-prima para expandir a sua iluminação. O trabalho lhe dá oportunidade para praticar o segundo estágio do amor, o amor que nutre espiritualmente. Os seus relacionamentos com as pessoas no local de trabalho são valiosas experiências de aprendizado. Você deveria valorizar o fato de que teve a chance de aumentar e intensificar a sua iluminação por meio do trabalho.

Por meio do trabalho, existem maneiras infinitas de nutrir espiritualmente outras pessoas. Se você é presidente de uma companhia, por exemplo, pode ser responsável pelo sustento de dezenas de milhares de empregados.

No entanto, o seu sucesso e desenvolvimento por meio do trabalho não podem se limitar meramente a beneficiar esses empregados. Em vez disso, vá além dos limites da sua companhia e sempre busque oportunidades para exercer influência em nível nacional e até internacional. Existem possibilidades infinitas para expandir o raio de influência do amor que nutre espiritualmente. Essas possibilidades aumentam a sua força espiritual e desenvolve um espírito generoso.

Além do nível de consciência espiritual da alma, que é representado pela iluminação, a alma tem amplitude, que é expresso pela sua capacidade de envolver outras pessoas. Mesmo com um nível limitado de iluminação, com a prática do amor que nutre espiritualmente, em muitas ocasiões diferentes, é possível desenvolver a capacidade de envolver e guiar diversas pessoas.

### Correto Pensamento

As primeiras quatro práticas dos Oito Corretos Caminhos são de grande importância para aqueles que decidiram buscar o desenvolvimento espiritual. O Correto Pensamento requer uma disciplina mais severa do que as quatro práticas anteriores, e é crucial para aqueles que buscam com mais seriedade a iluminação e dedicam-se à autodisciplina diária. A Correta Visão, a Correta Expressão, a Correta Vida e a Correta Ação são pontos de checagem relativamente simples de praticar, mas muitas pessoas podem achar o Correto Pensamento mais difícil. A profundidade com que você consegue praticar o Correto Pensamento revela até que ponto você busca a iluminação com sinceridade e seriedade.

A natureza do coração está em constante mutação. Para os meus olhos, às vezes ele tem a forma de um caleidoscópio. Aos olhos de outras pessoas, ele lembra uma bola. O coração pode se contrair até se tornar um pontinho minúsculo e também pode se expandir infinitamente e envolver o universo inteiro. Como praticamente não existe um fim para a busca do Correto Pensamento, reencarnamos vezes e vezes sem conta pela eternidade, até que o compreendamos completamente.

Meus livros proporcionam material para ajudá-lo a estudar a Verdade, de modo que você possa compreender verdadeiramente o Correto Pensamento. O seu mundo interior é multifacetado e complexo. O estudo da Verdade lhe dá conhecimento para examinar esse mundo de todos os ângulos.

### *Correta Dedicação*

O que intensifica e sustenta a sua prática do Correto Pensamento é a Correta Dedicação, ou seja, o esforço concentrado na direção certa. Os seres humanos são iguais em essência, mas existem aqueles que estão avançando na direção de Deus e aqueles que seguem na direção contrária.

Volte-se para Deus. Esse é o primeiro passo rumo à felicidade. Se desde o início você está seguindo na direção errada, não importa o quanto são diligentes os seus esforços, eles serão em vão. Por isso, volte-se para a direção correta e siga em frente no caminho correto, dando um passo de cada vez – essa é a Correta Dedicação.

O objetivo da Correta Dedicação é atingir a iluminação. Se você não estabelecer esse objetivo, não pode dizer que está praticando a Correta Dedicação. Cada pessoa tem um nível espiritual diferente e vive num ambiente diferente, mas, sem exceção, ninguém pode atingir a Correta

Dedicação sem desejar descobrir a iluminação. Para isso você precisa de força de vontade, coragem, vigor e senso de responsabilidade.

Você pode afirmar que vive da maneira correta no dia a dia, mas será que não há dias que você passa sem nenhum ideal ou senso de propósito, como um junco que flutua na água? Se a resposta é sim, crie raízes fortes e cresça na direção do céu. É disso que se trata a Correta Dedicação. Mesmo que você se sinta satisfeito ao ficar num ambiente puro, como um junco flutuando na água límpida de um aquário, esse não é o verdadeiro propósito da vida. Não se contente em buscar apenas a pureza do coração; esse não é o limite do seu crescimento espiritual. Busque algo maior. Desenvolva-se e cresça como uma árvore gigante. Só quando se empenhar para crescer dessa maneira você pode ser de fato chamado de filho de Deus, alguém que tem dentro de si a natureza divina.

### Correta Mentalização

Os últimos dois caminhos dos Oito Corretos Caminhos são a Correta Mentalização e a Correta Meditação. Essas práticas indicam um nível avançado de disciplina espiritual. Depois que eliminou os obstáculos da Correta Mentalização e da Correta Meditação, você terá que alcançar o primeiro estágio no qual pode ser chamado de "aquele que despertou", ou Arhat. Nesse nível, uma luz espiritual, ou auréola, aparecerá em torno da sua cabeça, e você será capaz de receber mensagens do seu espírito guardião. Você estará próximo do estágio em que pode dar luz aos outros. Para alcançar esse primeiro estágio de iluminação, a Correta Mentalização e a Correta Meditação são indispensáveis. A Correta Mentalização não se refere aos pensamentos e ideias que fluem no dia a dia, mas à direção de uma vontade firme, projetada bem à frente no futuro.

A força de vontade na Correta Mentalização é como uma locomotiva, que impulsiona a Correta Dedicação para a frente. A "força de vontade" aqui neste caso significa simplesmente planejamento de um curso de ação; ela também inclui os pensamentos diretamente ligados ao nosso guardião e espíritos guias, o que chamamos de orações. Pensamentos que são transmitidos com um propósito específico são força de vontade. Por isso a Correta Mentalização também envolve orações a Deus e aos espíritos elevados que estão próximos a ele.

A Correta Mentalização também pode incluir orações para corrigir o caminho ou orações de gratidão. Ela pode ser uma alegria eletrizante por ter sido abençoada com a vida ou a clara visão de um futuro brilhante. Nosso coração irradia muitos pensamentos. Embora vivamos neste mundo tridimensional, com comprimento, largura e altura, podemos transcender essa terceira dimensão envolvendo o mundo multidimensional interior e por meio da Correta Mentalização. Irradiando força de vontade em todas as dimensões, podemos construir uma ponte deste mundo para o Mundo Real. Essa é uma maneira de transcendermos nosso mundo tridimensional e chegarmos mais perto de Deus.

### Correta Meditação

Por fim, existe a Correta Meditação, que consiste em concentrar ou meditar da maneira correta. Existem muitos tipos de meditação, inclusive a meditação reflexiva, em que você elimina as nuvens que encobrem o coração, e a meditação com visualização.

A meditação também inclui o estado em que o seu coração está constantemente conectado ao mundo dos espíritos elevados por meio da oração. Por meio da Correta Meditação, podemos vir a provar a verdadeira libertação da alma, enquanto ainda vivemos neste mundo. Quando sentimos que nosso coração não pertence a este mundo, mas já o transcendeu, é porque completamos a Correta Meditação. Só por meio dessa experiência podemos nos tornar livres das restrições do nosso corpo físico e deste mundo material e encontrar o verdadeiro eu, um ser que pertence a uma dimensão superior. Esse é um dos objetivos finais da reflexão.

A reflexão é um modo de descobrirmos o nosso eu verdadeiro,[*] enquanto ainda vivemos neste mundo, para levar uma vida de Verdade e descobrir o eu magnificente em nosso interior, o eu que está conectado com dimensões mais elevadas. Se você não passar pelo portal da reflexão, nunca conhecerá a iluminação.

---

[*] O eu verdadeiro é o eu que manifesta a natureza divina, o núcleo central do eu, que é um filho de Deus.

## DEZ

# O Princípio da Oração

### O Poder Espiritual da Expressão da Verdade

Finalmente, chegamos ao último princípio, o princípio da oração. Já explicamos sobre o princípio da reflexão; no entanto, quando pensamos em Deus, os elementos da oração e da reflexão são, ambos, muito importantes.

Iniciando com o princípio da felicidade, expliquei sobre os princípios do amor, do coração, da iluminação, do desenvolvimento, do conhecimento, da utopia, da salvação e da reflexão. Esses princípios constituem a estrutura da minha filosofia.

Neste último capítulo, eu apresento o princípio da oração, um passo importantíssimo no desenvolvimento do conhecimento da Verdade e na construção de uma ponte que leva a Deus. Não importa o quanto tenha se dedicado no estudo intelectual sobre a Verdade, se no final você não despertar para a fé e para o amor de Deus, a maior parte dos seus esforços não produzirá resultado.

Você nasceu neste mundo tridimensional para se desenvolver por meio de várias experiências e para adquirir algum conhecimento sobre diferentes assuntos. Foram-lhe concedidas várias oportunidades para despertar para a Verdade. Por meio dessas experiências, esperava-se que você viesse a compreender verdadeiramente a vontade de Deus e passasse a viver de acordo com ela. Não deixe de se esforçar nesse sentido – a Verdade não pode ser distorcida pelo pensamento humano ou pelo conhecimento mundano. A Verdade Eterna é imortal, e continua a brilhar através do passado, presente e futuro, atravessando centenas de milhões de anos do espaço e do tempo.

Minha missão é revelar a Verdade, imutável no fluxo eterno do tempo. Se não fosse possível que eu compreendesse e ensinasse tudo isso, minha encarnação atual não teria sentido, e eu preferiria não viver esta vida. Estou determinado a divulgar a Verdade criada por Deus por toda a eternidade, e convocar os corações de todos para a vontade de Deus, para o poder e energia que emana do divino. Se não fosse para isso, não haveria por que ter fundado a Happy Science ou desenvolvê-la mais ainda.

Qual é o seu propósito ao aprender a Verdade? O que você espera aprender com este livro? Alguns de vocês adquiriram livros que publiquei sobre a Verdade e outros ouviram fitas das minhas palestras. Por que você está em busca da Verdade?

Eu não dou palestras e seminários sem um propósito. Acima de qualquer coisa, desejo que as pessoas despertem para o significado da nossa era atual. Quando os livros da Verdade compartilham o mesmo espaço na estante com muitos outros, é difícil perceber as qualidades que os diferenciam quanto à luz e energia. É por isso que eu dou palestras e me dirijo às pessoas diretamente, para que possa revelar a verdadeira qualidade dessa luz. As palestras que eu faço são minhas, mas ao mesmo tempo não são. Vocês ouvem a mim, mas ao mesmo tempo não é a Ryuho Okawa que vocês ouvem.

Qual é a fonte da vibração, da energia e da luz das minhas palavras? A fonte é a mais alta autoridade que você poderia imaginar, uma energia que você não pode experimentar diretamente nem mesmo no outro mundo. Você tem a oportunidade de se conectar com essa energia neste exato momento. Palavras como estas, que vieram de um mundo além da esfera humana, não são ouvidas desde que Jesus Cristo deixou a Terra, dois mil anos atrás, nem tampouco este poder espiritual tinha sido experimentado neste planeta.

# Seja Puro de Coração

*Reflexão e Oração*

No capítulo anterior, sobre a prática da reflexão, você aprendeu a olhar diretamente em seu eu interior, descobrir a essência do seu coração e, em meio a essa pureza, ver Deus. Por meio dessa prática, você relembrou do aprendizado experienciado no passado, há muito esquecido.

O mundo ideal e da salvação eterna não existe em algum lugar distante, completamente separado de você, mas no coração de cada indivíduo. Praticar a reflexão é conhecer o verdadeiro coração. Os pensamentos que surgem durante a reflexão se elevam mais e mais alto, sem qualquer limitação, e também fluem pelas profundezas do mundo interior. Tudo o que surge em nosso interior voa alto para um mundo muito distante, um mundo multidimensional, onde encontram-se as nossas origens.

Não importa o quanto eu anseie em lhes explicar como é encontrar os seres de dimensões superiores e o mundo a que pertencem, mas isso é simplesmente impossível. O mundo das dimensões superiores está além de qualquer descrição.

Depois que você testemunhar sua beleza sublime e poderosa, a sua compreensão sobre o significado deste mundo terreno mudará completamente. Você entrará num mundo onde não estará mais na Terra; no entanto, ainda estará vivendo aqui. Você não mais será um ser físico, embora ainda tenha um corpo humano.

Você pode conseguir isso por meio da oração, mas não é fácil. Como estamos envolvidos pelas vibrações da terceira dimensão, nossas orações tendem a ficar distorcidas e, às vezes, conectam-se a mundos completamente imprevistos. Por ser alguém que ensina sobre a oração, eu preciso lembrar rigorosamente as pessoas sobre as verdades do ato de orar, as quais os anjos do mundo espiritual gostariam que todos na Terra soubessem: por mais que vocês orem com fervor, há ocasiões em que as suas orações não chegam ao céu. A grande verdade é que um certo conjunto de leis regem o mundo da oração. Vocês precisam aprender essas leis.

*As Leis da Oração*

Existem certas condições que precisam ser satisfeitas ao se fazer a oração. Antes de tudo, vocês precisam estar com o coração puro. Por isso, normalmente, eu recomendo que primeiro se faça a prática da reflexão, em seguida faça meditação e, finalmente, a oração. Mas, se você quiser começar pela oração, o seu coração primeiro precisa estar puro. Se primeiro você não satisfizer esta condição mínima, a sua oração não chegará ao céu. Essa é a lei, pois o mundo onde as orações são recebidas é um mundo de corações puros. Orar é como fazer uma ligação telefônica; é o ato de conectar linhas de pensamento. A oração direciona a agulha da bússola do coração para o mundo celestial.

O mundo além desta Terra é um mundo onde só existem pensamentos. Para que as suas orações entrem em sintonia com as vibrações desse mundo, você precisa emitir pensamentos que sejam compatíveis com esse mundo. Nos ensinamentos budistas, possuir um coração puro é algumas vezes expresso como "livre do apego". Mas eu simplesmente digo, "sejam puros de coração".

Todos os dias você encontra uma grande variedade de pessoas. Com qual frequência você encontra pessoas que o impressionam pela pureza de coração? Quando você examina a si mesmo, conseguiria afirmar com toda certeza que está vivendo com um coração puro? No processo da vida, o seu coração fica envolvido por vários pensamentos que criam negatividade.

Pureza de coração significa vivenciar momentos em que você se torna transparente, como se o seu eu desaparecesse. Algumas vezes, quando fizer uma retrospectiva do seu dia, você pode ficar surpreso ao constatar que seus pensamentos concentraram-se totalmente em você mesmo e giraram apenas em torno de preocupações sobre a sua própria felicidade ou infelicidade.

Será que você conseguiria descobrir algum momento de "transparência", em que o seu "eu" teria desaparecido? Teria o seu coração ficado cheio de pensamentos em que não tivesse você como o principal sujeito beneficiado? Quando você entra no mundo da oração, as suas sentenças não precisam de um sujeito. "Eu" ou "ele", "humano" ou "Deus" – esses tipos de palavras se tornam desnecessários. Você precisa se tornar um só com a energia que flui por todo o universo. Esse é o único requisito para uma prece autêntica.

Para esse fim, seja infinitamente puro e transparente, e irradie luminosidade. Guarde bem isso. Não para receber amor, mas para sentir amor somente por amar. Não é o amor pelas outras pessoas, mas o amor praticado por amor. Ame em nome do amor; porque amor é felicidade. Sejam felizes pela felicidade. Coloquem isso em prática e sintam a satisfação que esse estado de espírito proporciona. Em vez de orar para obter algo, descubra a oração existente dentro da própria oração, a oração feita em prol da oração, a pureza do ato de orar. Se você possui um coração puro, alegre-se com essa pureza. Aprecie-a não para si mesmo, nem para outra pessoa, mas simplesmente pela pureza em si.

### Vivencie a Unidade com Deus

Quando você for capaz de atingir esse estado, o seu coração ficará transparente. Os seus pensamentos serão purificados e acabarão por transcender todos os objetivos. "Para quê?" e "Por quem?" não serão mais relevantes. As suas orações se tornarão puras e finalmente se manifestará um estado de unidade com Deus. Então, nesse breve instante, você poderá sentir a união com Deus, como se fossem um só. Nesse instante encontra-se a maior felicidade que poderia ser concedida a um ser humano. Isso, no budismo, é chamado de "grande iluminação", na qual não existe mais diferença entre o coração de Deus e o coração do eu. O ideal seria manter esse estado constantemente, mas como isso é difícil para as pessoas comuns, recomendo que reservem alguns momentos todos os dias para praticar essa união com Deus.

Eu sou extremamente grato por ser capaz de viver num estado de completa unidade com Deus, 24 horas por dia, pois não existe em mim qualquer desejo de viver em meu próprio benefício. Pode haver momentos em que pareço levar uma vida comum, mas não tenho intenção de viver para mim mesmo. Para que eu possa servir de base para algo maior, eu me purifiquei, elevando-me, tornando-me abnegado e transparente. Aqueles que vivem seus dias em estado de total união com Deus, não sofrem mais, nem têm preocupações pessoais.

Você provavelmente tem seus próprios problemas pessoais, os quais acredita que sejam diferentes das dificuldades dos outros. No entanto, o próprio fato de ter preocupações já indica que você não atingiu ainda o estado de união com Deus. Quanto maiores, mais profundos e mais variados forem os seus sofrimentos, mais você precisa se desenvolver espiritualmente, uma vez que o sofrimento indica que você ainda vive dentro dos limites de um pequenino mundo de tentativa e erro.

## A Natureza da Oração Verdadeira

*O Anseio de Levar Felicidade a Todas as Pessoas*

Para vivenciar a oração verdadeira, para de fato experienciar a união com Deus, é importante desfazer-se de todas as preocupações e tribulações diárias. A menos que você solucione esses problemas, não poderá sintonizar o seu coração com o coração de Deus.

Eu quase posso ouvir você dizendo, "Mas eu nunca conheci ninguém que não se preocupasse!" Você pode achar que é simplesmente natural continuar sofrendo.

Nesse caso, eu o aconselharia o oposto: se quer desperdiçar o seu tempo se preocupando, tudo bem. Mas pelo menos certifique-se da natureza das suas preocupações e faça com que elas melhorem de qualidade. Pergunte-se se você se sentiria constrangido se os outros soubessem com o que você se preocupa. Você pode estar se preocupando exageradamente com questões frívolas, que não merecem que você gaste seu tempo com elas. Se for para se preocupar, que seja com seriedade, a partir do ponto de vista de Deus.

É importante ter preocupações de nível mais elevado e também adotar uma perspectiva mais ampla. Depois que começar a se preocupar a partir de uma perspectiva divina, você entenderá a verdadeira natureza das preocupações que estavam pesando sobre a sua cabeça. Pode ser que você esteja se preocupando com algo tão minúsculo quando um grão de mostarda, ou menor ainda. Você tem coisas mais importantes com o que se preocupar, mas, como não está consciente disso, acaba ampliando seus pequenos problemas e corre de um lado para o outro num estado de confusão.

Se pretender se preocupar, tente se preocupar com problemas que Deus poderia se preocupar. Se Deus realmente ficasse preocupado com alguma coisa, provavelmente seria mais como uma grande paixão em melhorar o mundo e preenchê-lo de luz e felicidade. É importante transformar as suas preocupações nesse tipo de paixão. Quando você olhar para o seu mundo interior a partir da grande perspectiva dessa paixão, sentirá que as preocupações que você tem cairão por terra, uma após a outra. A existência de suas preocupações indica apenas que você ainda não despertou para a mais importante missão, essa grandiosa paixão. As pessoas não podem se concentrar em duas coisas ao mesmo tempo – essa é uma verdade e também uma lei psicológica. Por isso, mude o que você tem em seu coração; preencha-o com algo totalmente diferente – o anseio de levar felicidade a todas as pessoas. Essa é a melhor maneira de nos livrarmos das preocupações. Qualquer um que ande por aí com o semblante carregado, uma aparência preocupada e fazendo muito barulho por nada pode viver um momento de repentina transformação e se tornar alguém que irradia uma luz resplandecente. Despertar para esse momento é o primeiro passo para uma oração sagrada.

### *O Estreito Portal da Oração*

Se alguma vez você pensou em aprender sobre o princípio da oração numa tentativa de satisfazer algum desejo egoísta, abandone essa ideia. Só o fato de ter esse tipo de pensamento já é o suficiente para fechar o portal da oração, a entrada para tornar-se um com Deus.

Para se tornar uno com o divino, ou entrar na estrada real para o sucesso, você precisa descartar tudo o que é desnecessário ou trivial. O desejo de aprender como orar para realizar pequenas ambições não o habilita a passar através do portal da oração, ou nem mesmo lhe será permitido ficar diante dele.

Um grande número de anjos aguarda logo depois do portal da oração. No momento em que passar pelo portão, você ficará diante dos anjos. Com o seu coração no estado em que se encontra neste momento, com as atitudes que tem hoje, conseguiria encarar essa comitiva de recepção? Não se sentiria envergonhado ao se mostrar e ter seus pensamentos revelados diante deles?

Nesse caso, não se trata de ser necessário fazer reflexão ou mesmo de se arrepender. Depois de alguns anos ou décadas, cada pessoa, sem exceção, deixará o corpo físico e voltará para o mundo espiritual. Nesse momento, quando estiver diante dos anjos, como se sentirá ao se dar conta de quanto eram fúteis os desejos por trás dos seus pensamentos e atitudes? Você perceberá que não pode ficar diante dos anjos da maneira que é; a presença deles será ofuscante demais. A luz dos anjos faz você se sentir como se estivesse desaparecendo, quase se desvanecendo. Ofuscado por essa luz, você não conseguirá mais pensar, nem sustentar qualquer desejo. Sem dúvida, algum dia no futuro, você vivenciará verdadeiramente um momento como esse. Assim, através da oração, poderá ter um raro vislumbre desse exato momento.

Entrar no mundo da oração significa que você já está morto para o corpo físico, onde habita a sua alma. Nesse momento, você encontra-se praticamente morto para o mundo tridimensional, enquanto que passa a ter vida para os reinos da quarta dimensão e superiores.

Se você ler outros livros que publiquei, compreenderá que, enquanto aqueles que vivem na Terra percebem a morte como um acontecimento abominável, que traz dor e agonia, os habitantes do Mundo Real acreditam que o que chamamos "vida" neste mundo *é* uma espécie de morte. Talvez "morte" seja uma expressão forte demais, mas é pelo menos verdade que as pessoas que vivem na Terra estão tateando cegamente. Elas são incapazes de ver a Verdade, incapazes de agir como realmente querem e não compreendem a vontade de Deus ou dos guardiões e espíritos guias. Vivendo cegamente, essas pessoas acreditam erroneamente que estão usufruindo de liberdade ao máximo.

O Mundo Real vê esta vida não como liberdade, mas meramente como um estado em que as pessoas estão se arrastando, tentando agarrar tudo o que está ao alcance das mãos, incapazes de ver ou ouvir a Verdade. Todavia, aqueles que vivem na Terra acham que estão desfrutando de um estado de liberdade e expressando suas individualidades.

O Mundo Real vê essa forma de pensar e se comportar como um completo absurdo, um eco distante da verdadeira liberdade. Da mesma maneira como um recém-nascido não possui liberdade, para o mundo espiritual, mesmo que sejamos adultos, somos todos como recém-nascidos. Em momentos de reflexão ou em oração, que é um estado mais profundo que a reflexão, deixamos este mundo por um instante, para retornarmos ao mundo do qual viemos originalmente. Nesses momentos, voltamos para o nosso estado original de liberdade absoluta.

*Renascer por meio da Oração*

Nós vemos a oração como uma ponte que nos liga a Deus e aos espíritos de luz. Em termos do Mundo Real, trata-se de um ato de redespertar para a vida eterna. É o momento em que revelamos o nosso eu verdadeiro para o sol da Verdade. Para os que vivem na Terra, no momento da oração ocorrem a morte e o renascimento. Se nascermos novamente através da oração, não podemos mais continuar a viver como antes. Se, depois da oração, continuamos a viver da mesma maneira, com o mesmo modo de pensar que tínhamos antes, qual seria o sentido de morrer e retornar à vida? Se o ato de oração é a reencarnação vivenciada num só instante, então nesse instante, alguma transformação precisa ocorrer em nosso interior.

A oração é o esforço para transformar o eu. As orações feitas apenas em benefício próprio ou para atrair mais sorte ou riquezas não são orações verdade. Essas supostas orações são oferecidas com frequência por centenas ou milhares de pessoas a cada ano, e sempre são rejeitadas em nome da Verdade. A verdadeira oração é um renascimento. No momento em que tivermos um vislumbre do Mundo Verdadeiro, não teremos outra escolha a não ser nascer novamente. Por meio dessa experiência, um ser humano poderá experimentar o renascimento durante o seu período de vida.

No momento em que você reza a Deus, a sua vida atual é completamente desligada do passado. Se você não for espiritualmente transformado ao orar, a sua oração poderá trazer consequências imprevistas. Ela poderá se transformar numa espada que venha atacar você. Isso é o que acontece quando as orações são usadas com fins egoístas.

## A Purificação da Terra

*O que Acontece com as Orações Mal-orientadas*

A oração funciona de acordo com as leis da energia. Os pedidos que forem efetuados seguindo o formato de oração, mesmo que não cheguem realmente a Deus, acabarão sendo ouvidos por outros seres. Pode ser que essa oração seja ouvida pelos habitantes do inferno, porque estamos num mundo em que os pensamentos e desejos são captados e ouvidos por seres daquele mundo. Às vezes, eles dão "uma mãozinha" às pessoas, um ato de "bondade" às avessas. Aqueles que recebem ajuda desses seres tornam-se gradativamente escravos deles, passando a contribuir para aumentar a energia negativa dos pensamentos infernais.

Orações equivocadas podem se tornar uma fonte de energia para os habitantes do inferno, um reino de indescritível infelicidade. Embora os espíritos do céu recebam energia diretamente do sol espiritual, densas nuvens de pensamentos negativos fazem um bloqueio impedindo que os espíritos no inferno recebam essa energia. No entanto, esses espíritos também estão sujeitos às leis da energia. Suas energias vêm dos pensamentos negativos gerados por seres humanos na Terra, que na grande maioria se originaram de orações egoísticas, que desejavam somente o benefício próprio, em razão da forma incorreta de se pensar.

Quando você faz oração, precisa buscar a Deus com seriedade, como se estivesse à beira de um abismo, que separa a vida da morte. Procure orar de forma que a sua devoção o eleve bem alto e flua em direção a Deus. Rezar sem esse tipo de determinação provocará o efeito oposto – as suas orações se tornarão energias que sustentarão as atividades no inferno.

A energia negativa torna esses espíritos mais fortes e mais ativos, possibilitando-os impulsionar ainda mais as pessoas da Terra na direção errada. É uma espécie de círculo vicioso. Ao tomar consciência desse círculo vicioso, você precisa, a todo custo, dar um fim nele.

### *A Dissolução do Inferno*

É fácil dizer que precisamos banir o inferno. Algumas pessoas podem até questionar por que Deus e os espíritos elevados do céu não o eliminam de uma vez por todas. Nas atuais circunstâncias, porém, para que seja possível eliminar o inferno, primeiro seria necessário eliminar o mundo terreno. Você seria capaz de optar por eliminar o mundo terreno para que fosse possível acabar com o inferno?

A extinção deste mundo seria o mesmo que eliminar a esperança de Deus com relação à prosperidade, desenvolvimento e evolução. Embora este mundo tenha sido criado originalmente para a evolução e desenvolvimento da espécie humana, ele se tornou a fonte e a fortaleza do mal. Sabendo dessa verdade, você destruiria este mundo ou deixaria que ele continuasse a existir? Se tudo fosse destruído, o mal acabaria, mas o que restaria depois que o mal fosse eliminado? O resultado seria total estagnação, esgotamento e extinção. Seria um mundo em que a prosperidade e o desenvolvimento nunca existiriam. Certamente não iríamos querer habitar esse tipo de mundo.

Se, por outro lado, considerássemos a premissa de que este mundo precisa continuar existindo, o que precisaria ser feito? Chegaremos a uma clara conclusão de que precisamos purificá-lo. Se o inferno manifesta-se no Mundo Real por causa dos pensamentos negativos gerados na Terra, somente poderemos eliminá-lo através dos nossos próprios esforços. O único modo de purificarmos a Terra, enquanto ao mesmo tempo almejamos desenvolvimento e evolução infinitos, é efetuar uma completa mudança em nossos corações e sintonizarmos a nossa vontade com a vontade de Deus. Por isso que um grande número de pessoas precisa acertar as contas da própria vida até este ponto. Faça um balanço de sua vida ainda hoje, rompa com o passado e amanhã comece uma vida nova. Agora é hora de rezar para a realização desse objetivo.

Quando orar para Deus, corte as amarras da sua vida presente com o passado. Ore para ser capaz de recomeçar e viver de acordo com a vontade de Deus. Reze com a determinação de que você mudará definitivamente. Se você cometeu muitos erros no passado ou criou problemas para aqueles que estão vivos ou mortos, antes de tudo você precisa corrigir esses erros. Depois, renasça e comece outra vez. A sua decisão em renascer irá exercer sobre você um poder como uma intercessão divina. O poder dessa luz descerá e o purificará, trazendo-lhe a salvação.

### Não Distorça a Verdade

Como expliquei outrora, muitos acreditam na existência de dois caminhos principais de disciplina espiritual: o "poder pessoal", ou salvação por meio dos próprios esforços, e salvação por meio da intervenção do poder divino, ou "exterior". Não são poucos aqueles que acham que esses dois caminhos estão completamente separados. No caminho do poder pessoal (ou poder interior), você descobre Deus ou Buda no processo de aprimoramento pessoal. O caminho do poder exterior envolve abandonar o próprio ego e devotar-se ao poder divino, para atingir a iluminação e a felicidade.

No entanto, a Verdade não está dentro de nenhum dos dois caminhos, embora a Verdade contenha os dois. Eles parecem ser dois caminhos separados, no entanto a Verdade flui através de ambos. Aqueles que não pretendem se transformar verdadeiramente não serão abençoados com a graça que vem do poder divino exterior. Não existe basicamente nenhuma distinção entre a salvação por meio do poder pessoal e a salvação por meio de um poder exterior – trata-se de nomes diferentes para a mesma entrada que leva à união com Deus.

Após saberem que a bênção e graça de Deus não podem ser concedidas àqueles que não se esforçam em se transformar radicalmente, perceberão que a ideia convencional de salvação por meio de um poder que vem de fora perde o embasamento. Essa distorção nos ensinamentos autênticos ocorreu à medida que eles foram transmitidos ao longo do tempo. Mesmo que você pense que compreendeu os ensinamentos, no processo de transmiti-los aos outros, ou por vaidade ou por falta de verdadeiro entendimento acaba cometendo a falha de modificá-los ou distorcê-los. Essas são as principais causas da divisão entre as religiões, e de todos os conflitos religiosos do passado e do presente.

Antes de encontrar Deus diretamente através da oração, precisamos fazer uma reflexão e verificar se existe algum risco de termos cometido uma dessas falhas. É importante nos certificarmos de que o nosso entendimento dos ensinamentos está correto e que não estamos usando a Verdade para nossa própria conveniência. Esses dois pontos são a fonte de todos os conflitos – passado, presente e futuro.

Como nos livrarmos dessas armadilhas? Eu visualizo duas soluções básicas. A primeira é um entusiasmo infinito na busca incansável pela Verdade. Busque a Verdade com todo o seu coração. Nunca use os livros da Verdade como se fossem algum tipo de amuleto, nem a repita de maneira maquinal.

A segunda solução é experienciar a poderosíssima energia do Mundo Real, o mundo do Absoluto, também conhecido como Reino Diamante. O encontro com o divino conduz à verdadeira humildade.

Os seres humanos sentem-se fortalecidos confinados em seus castelos chamados de "civilização moderna", construídos com seu próprio poder, onde se comportam como regentes supremos. No entanto, tão logo tomam consciência do poder estrondoso do mundo verdadeiro, esse castelo vem abaixo. Não importa o quanto uma pessoa possa parecer inteligente ou sábia, o conhecimento dela não chega nem a um bilionésimo ou trilionésimo da sabedoria de Deus. A capacidade humana é limitada e muito pequenina, além disso as pessoas estão enganadas a respeito dos títulos, posições sociais e reputação. Aqueles que tiveram um vislumbre do fenomenal mundo da Verdade se tornarão verdadeiramente humildes. Se você ainda tem a tendência de sentir orgulho e vaidade, isso é sinal de que ainda não entrou em contato com o mundo da Verdade nem sentiu a poderosíssima energia daquele mundo. Quanto mais conhecer e compreender sobre o mundo da Verdade, mais se conscientizará do quanto você é pequeno.

## Três Condições para a Oração

### Beleza

Ao perceber que você não é maior do que um grão de areia, será capaz de ver com um coração puro, claro e transparente. Ao fazer oração nesse estado, começará a emitir uma luz brilhante, como se fosse uma estrela radiante. Nesse brilho místico, nessa luz de resplandecência profunda e sem limites, existe uma beleza. Essa beleza é o que faz da fé a verdadeira fé e o que faz da oração uma verdadeira oração. Ela prova a autenticidade da fé e da oração.

As orações egoístas, nascidas da ganância, nunca são bonitas, enquanto as orações imbuídas da luz de Deus são divinas e surpreendentes. Se você quer saber se está ou não orando de maneira correta, observe-se para ver se você parece belo. Se estiver rezando de maneira egoísta, acha que parecerá cheio de graça? Analise cuidadosamente os conteúdos da sua oração – suas palavras, atitude e expressão facial – como se você estivesse se olhando num espelho, e veja se há beleza no seu ato de orar. Caso se depare com uma aparência desagradável, pare! Não permaneça diante do portal da oração e saiba que você ainda não está pronto para rezar.

### *Bem*

Não basta somente emanar Beleza. A sua oração também precisa expressar o bem. Então, agora, pergunte a si mesmo se a sua oração é constituída do bem. Você saberá se a sua oração é boa se não se sentir constrangido ao colocá-la por escrito para outras pessoas lerem. Porém, só permitir que outras pessoas a leiam não é suficiente. Você também precisa se sentir à vontade caso ela fosse lida pelo seu guardião e espíritos guias, espíritos de luz ou Deus.

Um sentimento de vergonha irá acompanhar a oração que não tem bondade; esse é um modo de julgarmos o que é bom. Quando o coração se afasta do bem, você se sente envergonhado e não quer que os outros o vejam. A existência do sentimento de vergonha é de fato uma prova de que o coração foi criado para buscar o bem. Embora Deus tenha concedido a liberdade aos seres humanos, ele deseja ardentemente que escolhamos o bem. É por isso que sentimos vergonha quando fazemos uma escolha diferente. A natureza das suas orações poderá ser conhecida quando você confiar nesse critério de avaliar o bem.

### *Amor*

Existe mais uma condição para a oração: ela precisa vir sempre acompanhada de amor. Uma oração sem amor não é uma oração de verdade, mas apenas palavras mortas. Quem não tem amor não poderá conhecer Deus, e aquele que desconhece a existência de Deus não poderá rezar de verdade. Não é possível compreender Deus somente por meio do conhecimento; o amor é essencial. O caminho para Deus é através do amor, por isso o infinito caminho da oração também é o infinito caminho do amor. O ato da oração manifesta-se primeiro e antes de tudo como uma expressão de um imenso amor. O poder do ser humano por estar confinado neste corpo físico tridimensional é muito limitado. A oração é o que permitirá que esse poder limitado se desenvolva e se torne infinito.

A verdadeira oração só existe por causa do amor. O propósito da oração é contribuir com o seu trabalho e esforços para o benefício das outras pessoas. A oração possibilitará que você tire o máximo proveito da vida pelo bem de muitas pessoas, desde aquelas que estão vivas agora até aquelas que nascerão no futuro. Oração é sinônimo de amor. Amor é oração e oração é amor, pois o próprio Deus é puro amor. O amor conecta e une Deus aos seres humanos. Só aqueles que compreendem o amor podem rezar verdadeiramente.

O que é, então, o amor? O que faz o amor ser *verdadeiro*? Precisamos entender o amor mais profundamente. O amor é uma imensurável bondade, o amor é infinitamente maravilhoso; é felicidade infinita e iluminação infinita. Conhecer o amor é também alcançar a iluminação. Depois que compreender o amor, e tiver estabelecido um constante fluxo de amor que flui de dentro de si, você será capaz de ver todos os mundos que Deus criou. Conhecer todos os mundos criados por Deus é ser iluminado. Essa felicidade de conhecer esses mundos nos conduz ao estágio seguinte: o crescimento e o desenvolvimento do amor. Essa compreensão conduz à iluminação, e a iluminação conduz ao desenvolvimento do amor. A iluminação é a força motriz por trás do crescimento do amor.

A oração precisa vir acompanhada de beleza, bondade e amor. A oração que não expressa esses três elementos não é uma oração de verdade.

## O Poder da Oração

A oração que atende às três condições para que seja verdadeira manifesta um poder extraordinário. Num certo sentido, a oração tem o maior de todos os poderes, pois vai muito além da existência física. Os espíritos elevados têm um poder extraordinário. Se eu orar pela criação de um mundo ideal, a utopia, essa oração se propaga entre milhares, até mesmo entre dezenas de milhares de anjos, e eles respondem à minha oração.

O que acontece depois que eles a respondem? Aqueles que estão na Terra e aqueles que estão no céu unem-se para começar todo tipo de atividade para desenvolver e criar um mundo magnífico. O fruto da oração é o despertar e surgimento de uma força suprema, um poder exterior. Depois que esse poder é gerado, os limites da existência física são transcendidos.

Para concluir este livro, eu dedico uma oração a Deus.

### *Oração para Criar a Utopia*

*Ó Grandioso Deus,*
*Nós Vos agradecemos, do fundo do coração,*
*Por nos ter concedido a valiosa oportunidade da oração.*
*Com essa oportunidade,*
*Que o poder do Vosso amor preencha a Terra,*
*Que a Vossa luz preencha o Mundo Celestial,*
*Que a Vossa glória preencha o mundo inteiro.*
*Ó Senhor, meu Deus, Dai-nos força,*
*Dai-nos infinito poder*
*E coragem para criar a Utopia.*
*Que sejamos capazes de trabalhar de acordo com a Vossa vontade*
*Pelo bem de um grande ideal,*
*Pelo bem de uma grande criação,*
*Pelo bem de um maravilhoso mundo novo,*
*Pelo bem de uma nova era,*
*Pelo bem dos jovens,*
*Que virão depois de nós,*
*E pelo bem das futuras gerações.*
*Que este movimento de amor que iniciamos,*
*Este movimento para levar felicidade a toda a humanidade,*
*Irradie uma luz brilhante*
*E que brilhe até o distante futuro.*
*Ó Deus, nós Vos agradecemos verdadeiramente.*

Ryuho Okawa

# Notas

### CAPÍTULO UM. O PRINCÍPIO DA FELICIDADE

1. Ryuho Okawa, *The Laws of the Sun* (Brooklyn: Lantern Books, 2004), capítulo 6. [As Leis do Sol, Editora Best Seller]

2. Ryuho Okawa, *The Golden Laws* (Brooklyn: Lantern Books, 2002), capítulo 4. [As Leis Douradas, Editora Best Seller]

3. Ryuho Okawa, *The Origin of Love* (Brooklyn: Lantern Books, 2003), capítulo 1.

### CAPÍTULO QUATRO. O PRINCÍPIO DA ILUMINAÇÃO

1. Okawa, *The Laws of the Sun*.

2. Okawa, *The Golden Laws*, capítulo 5, seção 8.

3. *Ibid.*, capítulo 3.

4. *Ibid.*, capítulo 1.

5. Okawa, *The Laws of the Sun*, capítulo 2; Ryuho Okawa, *The Essence of Buddha* (Nova York: Time Warner Books, 2002), capítulo 2.

6. Okawa, *The Essence of Buddha*, capítulo 3.

7. Ryuho Okawa, *The Laws of Eternity* (Brooklyn: Lantern Books, 2001), capítulo 5. [As Leis da Eternidade, Editora Cultrix, SP, 2007]

8. Okawa, *The Golden Laws*, capítulo 3.

### CAPÍTULO CINCO. O PRINCÍPIO DO DESENVOLVIMENTO

1. Okawa, *The Golden Laws*.

2. *Ibid.*, capítulo 1.

## CAPÍTULO SEIS. O PRINCÍPIO DO CONHECIMENTO

1. Okawa, *The Essence of Buddha*, capítulo 3.
2. *Ibid.*
3. Okawa, *An Unshakable Mind* (Brooklyn: Lantern Books, 2003), capítulo 1.
4. *Ibid.*, capítulo 6.

## CAPÍTULO OITO. O PRINCÍPIO DA SALVAÇÃO

1. Ryuho Okawa, *Tips to Find Happiness* (Brooklyn: Lantern Books, 2004). Este livro é uma coletânea de sessões de perguntas e respostas.
2. Okawa, *The Essence of Buddha*, capítulo 3.
3. Okawa, *The Golden Laws*, capítulo 3, seção 8.
4. Okawa, *The Laws of the Sun*, capítulo 1.
5. Ryuho Okawa, *Love, Nurture, and Forgive* (Brooklyn: Lantern Books, 2002), parte 2, seção V.

## CAPÍTULO NOVE. O PRINCÍPIO DA REFLEXÃO

1. Okawa, *An Unshakable Mind* e *The Laws of Eternity*.
2. Okawa, *The Laws of the Sun*, capítulo 6.

# Templos e Sucursais da Happy Science no Brasil

**TEMPLO MATRIZ DE SÃO PAULO**
Av. Domingos de Morais, 1154 Vila Mariana
São Paulo SP CEP 04009-002
Fone (11) 5088-3800 Fax (11) 5088-3806
sp@happy-science.org

**SÃO PAULO (REGIÃO SUL)**
Rua Gandavo, 363 Vila Mariana
São Paulo SP CEP 040023-001
Fone (11) 5574-0054 Fax (11) 5574-8164
sp_sul@happy-science.org

**SÃO PAULO (REGIÃO OESTE)**
Rua Luiz Pereira de Almeida, 50 Pinheiros
São Paulo SP CEP 01431-020
Fone/Fax (11) 3061-5400
sp_oeste@happy-science.org

**SÃO PAULO (REGIÃO NORTE)**
Rua Manuel Taveira, 72 Parada Inglesa
São Paulo SP CEP 02245-050
Fone (11) 2939-7443
sp_norte@happy-science.org

**SÃO PAULO (REGIÃO LESTE)**
Rua Fernão Tavares, 124 Tatuapé
São Paulo SP CEP 03306-030
Fone (11) 2295-8500 FAX (11) 2295-8505
sp_leste@happy-science.org

## JUNDIAÍ

Rua Congo, 447 Jardim Bonfiglioli
Jundiaí SP CEP 13207-340
Fone (11) 4587-5952
Jundiai@happy-science.org

## SANTOS

Rua Itororó, 29 Centro
Santos SP CEP 11010-070
Fone (13) 3878-8040
santos@happy-science.org

## SOROCABA

R. Dr. Álvaro Soares, 195 Centro
Sorocaba SP CEP 18010-190
Fone/Fax (15) 3232-1510
sorocaba@happy-science.org

## CAPÃO BONITO

Rua Campos Sales, 299 Centro
Capão Bonito SP CEP 18300-090

# Templos e Sucursais da Happy Science pelo Mundo

**Departamento Internacional no Japão**
6F 1-6-7 Togoshi, Shinagawa, Tokyo, 142-0041, Japan
Fone: 8103-6384-5770 Fax: 8103-6384-5776
tokyo@happy-science.org     www.kofuku-no-kagaku.or.jp/en

**Estados Unidos**
**Templo Local de Nova York**
79 Franklin Street, New York NY 10013 USA
Fone: 1-212-343-7972 Fax: 1-212-343-7973
ny@happy-science.org     www.happyscience-ny.org

**Sucursal de Nova Jersey**
725 River Road, Suite 58, Edgewater NJ 07020 USA
Fone: 1-201-313-0127 Fax: 1-201-313-0120
nj@happy-science.org     www.happyscience-nj.org/

**Sucursal na Flórida**
12210 N 56th St., Temple Terrace FL 33617 USA
Fone: 1-813-914-7771 Fax: 1-813-914-7710
florida@happy-science.org     www.happyscience-fl.org

**Sucursal de Chicago**
966 Estes Ct, Schaumburg IL 60193 USA
chicago@happy-science.org

**Sucursal de Los Angeles**
1590 E. Del Mar Blvd. Pasadena CA 91106 USA
Fone: 1-626-395-7775 Fax: 1-626-395-7776
la@happy-science.org     www.happyscience-la.org

**Unidade de South Bay**
2340 Sepulveda Blvd. #E Torrance CA 90501 USA
Fone: 1-310-539-7771 Fax: 1-310-539-7772
la@happy-science.org

**Sucursal de São Francisco**
525 Clinton St., Redwood City CA 94062 USA
Fax: 650-363-2777
sf@happy-science.org     www.happyscience-sf.org

**Unidade no Havaí**
1221 Kapiolani Blvd, Suite 920, Honolulu HI 96814 USA
Fone: 808-591-9772 Fax: 808-591-9776
hi@happy-science.org     www.happyscience-hi.org

**Unidade de Kauai**
4504 Kukui St., Dragon Building, Suite 21
KAPAA HI 96746 USA
Fone: 1-808-822-7007 Fax: 1-808-822-6007
kauai-hi@happy-science.org     www.happyscience-kauai.org

**Templo Matriz do Havaí**
1221 Kapiolani Blvd, Suite 920
Honolulu HI 96814 USA
Fone: 1-808-537-2077
hawaii-shoja@happy-science.org

**Canadá**

**Unidade de Toronto**
323 College St.
Toronto ON M5T 1S2 Canada
Fone: 1-416-901-3747
toronto@happy-science.org     www.happy-science.ca

**Unidade de Vancouver**
212-2609 East 49th Avenue
Vancouver BC V5S 1J9 Canada
vancouver@happy-science.org

**América Central e do Sul**

**Unidade no México**
San Marcos, 11, Edificio Córcega depto. 301, Unidad Habitacional Pedregal 2, Delegación Magdalena Contreras DF 10720 Mexico mexico@happy-science.org

**Unidade no Peru**
"Jr. Tacna # 629 dpto. 301
Distrito de Magdalena del Mar Lima Peru
peru@happy-science.org

## Europa

**Sucursal de Londres**
3 Margaret Street, London
W1W 8RE United Kingdom
Fone: 44-20-7323-9355
eu@happy-science.org     www.happyscience-eu.org

**Sucursal da Alemanha**
Klosterstr. 112, 40211 Düsseldorf Germany
Fone: 49-211-93652470 Fax: 49-211-93652471
germany@happy-science.org

**Sucursal da Áustria**
Zentagasse 40-42/1/1b, 1050 Wien Austria/EU
austria-vienna@happy-science.org

**Unidade de Viena**
Arbeitergasse 19/37 1050 Wein Austria/EU
austria-vienna@happy-science.org

**Sucursal da França**
RDC sur cour 73 rue Claude Bernard 75005 Paris
Fone: 33-1-43-36-43-25 Fax: 33-1-43-36-43-22
accueil@happyscience-fr.org     http://happyscience-fr.org/

**Sucursal da Bulgária**
24 San Stefano str., 1 fl., 2 apt, Sofia 1504 Bulgaria
Fone/Fax: 359-02-843-8380
sofia@happy-science.org   http://www.happyscience-bg.com/

## África

**Sucursal de Uganda**
Plot 17 Old Kampala Road, Kampala, Uganda
P.O.BOX 34130 Kampala
uganda@happy-science.org     www.happyscience-uganda.org

**Sucursal da Nigéria**
5, Unity Clos, Off Ondo Street, Oke-Ira,
Ogba, Ikeja Lagos Nigeria
nigeria@happy-science.org

**Ásia**
**Sucursal de Seul-Coreia**
162-17 Sadang3-dong, Dongjak-gu, Seoul Korea
Fone: 82-2-3478-8777 Fax: 82-2-3478-9777
korea@happy-science.org     www.happyscience.co.kr
**Unidade de Daegu-Coreia**
4th F, 77-6, Duryu Dong, Dalseo Gu, Daegu 704-908 Korea
Fone: 82-53-651-3688
Koreadaegu@happy-science.org
**Sucursal de Taipei-Taiwan**
No.89, Lane 155, Dunhua N. Rd., Songshan District,
Taipei City 105 Taiwan
Fone: 886-2-2719-5570
taiwan@happy-science.org     www.happyscience-taiwan.org
**Unidade de Kaohsiung-Taiwan**
No.12-1, Mingren Rd., Sanmin Dist.,
 Kaohsiung City 807 Taiwan
**Unidade de Hong Kong-China**
Unit A, 3/F-A Redana Centre, 25 Yiu Wa Street,
Causeway Bay, Hong Kong China
Fone: 85-2-2891-1963
hongkong@happy-science.org
**Sucursal de Cingapura**
190 Middle Road #16-05 Fortune Centre Singapore
Fone: 18897965-6837-0772
singapore@happy-science.org
**Sucursal na Malásia**
Fone: 60-3-6141-7323
malaysia@happy-science.org
bs_humanhappiness@yahoo.com
**Sucursal na Tailândia**
Between Soi 26-28, 710/4 Sukhumvit Rd.
Klongton, Klongtoey, Bangkok 10110
bangkok@happy-science.org

**Sucursal nas Filipinas**
[Ortigas Local Office] Gold Loop Tower A 701,
Escriva Drive Ortigas Center Pasig City 1605,
Metro Manila, Philippines
philippines@happy-science.org

**Unidade de Nova Deli-Índia**
newdelhi@happy-science.org	www.happyscience-india.org

**Unidade de Aurangabad-Índia**
Udyog Shree, 2nd floor, Sut girani Main Road,
Garkheda, Aurangabad India 431-005
aurangabad@happy-science.org	www.happyscience-india.org

**Sucursal no Nepal**
Kathmandu Metropolitan City, Ward No-9, Battisputali, Gaushala, Surya Bikram Gynwali Marga, House No.1941 Kathmandu, Nepal
nepal@happy-science.org

**Unidade em Sri Lanka**
No. 53, Ananda Kumaraswamy Mawatha, Colombo 7 Sri Lanka
srilanka@happy-science.org

**Oceania**

**Sucursal Central de Sydney**
Suite 17, 71-77 Penshurst Street,
Willoughby, NSW 2068 Australia
Fone: 61-2-9967-0866
sydney@happy-science.org	www.happyscience.org.au

**Sucursal Leste de Sydney**
Suite 3, 354 Oxford Street,
Bondi Junction, NSW 2022 Australia
Fone: 61-2-9387-4778
bondi@happy-science.org	www.happyscience.org.au

**Sucursal de Melbourne**
11 Nicholson St. Bentleigh Victoria 3204 Australia
Fone: 61-3-9557-8477 Fax: 61-3-9557-8334
melbourne@happy-science.org	www.happyscience-mel.org

**Sucursal da Nova Zelândia**
409A Manukau Road Epsom 1023 Auckland New Zealand
newzealand@happy-science.org

# Sobre a Happy Science

A Happy Science foi estabelecida em 1986, em Tóquio, no Japão, e atualmente é um dos mais influentes movimentos religiosos deste século. Os seus ensinamentos, universais e adequados à era moderna, influenciam todas as áreas da vida e da sociedade. Pessoas de todos os níveis culturais, profissões e credos, tais como cristãos, budistas, judeus, muçulmanos, hindus, espíritas e outros, vêm sendo atraídas pelos ensinamentos espirituais transmitidos por Ryuho Okawa. Por meio do estudo e da prática desses ensinamentos, que incluem a busca pelo Correto Coração e os Quatro Corretos Caminhos, aprendem a criar felicidade para si e para os outros, aplicando em suas vidas os princípios do amor, do conhecimento, da reflexão e do desenvolvimento.

A Happy Science dissemina a luz da Verdade Divina com o objetivo de criar um mundo ideal na Terra, e seus ensinamentos estão fundamentados no espírito do budismo e numa ampla filosofia que abrange os fundamentos das grandes religiões mundiais, incluindo o cristianismo, almejando integrá-las numa única religião mundial. Os quatro eixos centrais dessa filosofia são a prática do amor que se dá, a aquisição da sabedoria espiritual, o aprimoramento do coração através da reflexão e a criação de um mundo melhor através do desenvolvimento.

Seus membros estudam os ensinamentos da Verdade Divina transmitida pelo Mestre Ryuho Okawa através de livros, revistas, palestras, retiros espirituais e seminários, para adquirir o conhecimento sob o ponto de vista espiritual da vida e do mundo. Eles também praticam a meditação e a reflexão diariamente, com base nos princípios da Verdade que aprendem, objetivando o aperfeiçoamento espiritual, a obtenção da iluminação e a elevação espiritual. Esse é o caminho para se adquirir uma compreensão muito mais profunda acerca da vida e para formar o caráter daqueles que poderão contribuir como líderes de uma sociedade voltada para o desenvolvimento do mundo em que vivemos.

**http://www.happyscience-br.org**